Jaroslaus Schaller

Topographie des Königreichs Böhmen

Teil 12

Jaroslaus Schaller
Topographie des Königreichs Böhmen
Teil 12

ISBN/EAN: 9783744702829

Hergestellt in Europa, USA, Kanada, Australien, Japan

Cover: Foto ©ninafisch / pixelio.de

Weitere Bücher finden Sie auf **www.hansebooks.com**

Topographie
des
Königreichs Böhmen,

darinn
alle Städte, Flecken, Herrschaften, Schlößer, Landgüter, Edelsitze,
Klöster, Dörfer, wie auch verfallene Schlößer und Städte
unter den ehemaligen, und jetzigen Benennungen samt
ihren Merkwürdigkeiten beschrieben werden.

Verfaßet von
Jaroslaus Schaller
a St. Josepho, Priester des Ordens der frommen Schulen, Ehrenmitgliede
der königlichen preußischen Gesellschaft naturforschender Freunde in
Berlin, und Halle, und wirklichem Mitgliede der gelehrten
Gesellschaft in Jena.

Zwölfter Theil.
Klattauer Kreis.

Prag und Wien,
in der von Schönfeldschen Handlung 1789.

Topographie
des
Königreichs Böhmen,

darinn

alle Städte, Flecken, Herrschaften, Schlösser, Landgüter, Edelsitze, Klöster, Dörfer, wie auch verfallene Schlösser und Städte unter den ehemaligen, und jetzigen Benennungen samt ihren Merkwürdigkeiten beschrieben werden.

Verfasset von

Jaroslaus Schaller

a St. Josepho, Priester des Ordens der frommen Schulen, Ehrenmitglied der königlichen preußischen Gesellschaft naturforschender Freunde in Berlin, und Halle, und wirklichem Mitgliede der gelehrten Gesellschaft in Jena.

Zwölfter Theil.
Klattauer Kreis.

Prag und Wien,
in der von Schönfeldschen Handlung 1789.

Ihren

Freyherrlichen Gnaden

den

Hoch und Wohlgebohrnen

Fräulein

Brigida

Margareth Franziska,

Maria Anna Wilhelmina,

und

Johanna Gabriela,

Freyinnen

Mac - Neven ô Kelly ab Aghrim.

Gnädigsten

Fräulein

widmet in schuldigster Ergebenheit
der Verfasser.

Hoch und Wohlgebohrne Freyinnen!
Gnädigste Fräulein!
Eure Gnaden!

Schon seit jener Zeit her, da mir die ausnehmende Ehre widerfuhr die unverfälschten Tugenden und erlauchten Kenntniße, mit welchen Eure Gnaden reichlichst gezieret sind, näher kennen zu lernen, sehnte ich mich eifrigst nach einer gewünschten Gelegenheit meine sowohl ungeheuchelte, als absichtloseste Verehrung Euren Gnaden an Tag legen zu können. Jene edlen und glänzenden Eigenschaften, die Eure Gnaden in vollem Maaß besitzen, und wodurch Sie sich sowohl die Achtung und Hochschätzung des sämmtlichen Adels, als auch die Verehrung und Ehrerbietigkeit eines jeden rechtschaffenen und edeldenkenden Patriotes erworben haben, sind die
un=

untrüglichste Rechtfertigung meines Vorhabens. Jene aufgeklärte Denkungsart, mit welcher Eure Gnaden alle Gegenstände gründlich zu beurtheilen wissen; jener schimmernde Witz, der sich bey Ihnen in allen unternommenen Gesprächen verräth, ohngeachtet Eure Gnaden allen Fleiß und Mühe anwenden denselben sorgfältigst zu bergen, so aber auch nur jenen allein gleichsam angebohren und eigen ist, die die Stärke ihres Geistes von selbst einsehen; jene ausnehmende Güte, Leutseligkeit, und Herablassung, mit welcher Sie jedermann zu behandeln wissen, jene deutlichsten Begriffe und Kenntnisse, welche Eure

Gna-

Gnaden aus keinen Romanen, oder sonst anderen modischen Lektüren, die nur zum Aufputz eines verstellten und gekünstelten Betragens dienen, sondern aus derley gut gewählten Büchern, die das Herz, den Verstand und Geschmack bilden, von Tag zu Tag einholen und hieburch beweisen, daß die bildenden Wissenschaften das schöne Geschlecht keineswegs verunzieren; endlich auch die vollkommene Kenntniß der englischen, französischen und deutschen Sprache, in welchen sich Eure Gnaden eben so deutlich als zierlich auszudrücken wissen: Dieß sind wohl ohne allen Widerspruch dergestalten glänzende Tugenden und

Ei-

Eigenschaften, daß selbe niemand auch nur bey der ersten Zusammentretung an Euren Gnaden verkennen kann, sondern vielmehr in stiller Ehrerbietigkeit verehren muß; und eben dieses bewog auch mich dieses gegenwärtige Werk als ein schuldigstes Merkmal meiner gehorsamsten Ergebenheit Euren Gnaden zu widmen, und selbes Dero Gunst und Gnade zu empfehlen. Verbleibe unter den eifrigsten Wünschen für die stets währende Wohlfahrt Eurer Gnaden in schuldigster Ehrerbietung

gehorsamster Diener
Jaroslaus Schaller.

Vorrede.

Die mich bey der Ausarbeitung dieses Kreises als redlich denkende Patrioten mit manchen wichtigen Beyträgen versehen haben, deren Hauptentzweck war durch diese ihre Bemühungen den Vortheil und Nutzen ihres Vaterlandes auf alle mögliche Art und Weise zu befördern, und denen ich hier öffentlich meinen schuldigsten Dank dafür abstatte, sind folgende: Maximilian Werner Erzdechant und Vicar. Foran. in Bischof Teinitz, Ernest Puschmann, Dechant in Nepomuk, Johann Langer Dechant in Klattau, Sebastian Launsky Dechant und Vicar. Foran. in Tauß, Emanuel Aneiffel Pfarrer in Teinitl, Johann Peter Schatz Pfarrer in Neuern, Joseph Schlakowerth Pfarrer in Drosau, Johann Jakob Löfelmann Pfarrer in Deschnitz, Johann Bidzowsky Pfarrer in Dolan, Dominik Czibulka Pfarrer in Polin, Johann Küttner Pfarrer in Waßersuppen, Peter Benedikt Lutter Pfarrer in Heil. Kreuz, Adalbert Abißl Pfarrer

Vorrede.

in Blizowa, Johann Wenzel Steinbach Pfarrer in Trzebnitz, Godefried Küffner Pfarrer in Muttersdorf, Ant. Jos. Sturm Pfarrer in Hostau, Norbert Seidl Pfarrer in Mogolzen, Franz Solery Pfarrer in Chudenicz, Johann Kopiasch Pfarrer in Merklin, Joseph Christoph, Schneider Pfarrer in Pernarticz, Daniel Bidzowsky Pfarrer in Kbell, Johann Hema Pfarrer in Prußina, Joseph Worel Pfarrer in Lukawicz, Franz Herites Pfarrer in Klattau, Franz Ebenhöch Pfarrer in Zinkau, Franz Nowak Vicar. For. und Pfarrer in Niemczicz, Erhard Liebermann Pfarrer in Schitarschen, Ferdinand Gerl Pfarrer in Lauczim, Wenzel Dolezal Pfarradministrator in Przedslaw. Manche dieser ehrwürdigen Männer sind zwar schon theils anderwärts hin befördert worden, theils mit Tode abgegangen; allein ohngeachtet dessen verdienen sie auch nach ihrem Hintritte noch allemal unsre Hochschätzung, besonders da sie durch ihre Willfährigkeit mich in der Fortsetzung dieses Werks unterstützt, und ihrem Vaterlande treffliche Dienste geleistet haben.

Prag den 29. April 1789.

Jaroslaus Schaller,
aus den frommen Schulen.

Klattauer Kreis,
Klattowsko,
Klattowskey Krag,
Circulus Clattoviensis.

Gränzet gegen Mitternacht mit dem Pilsner, gegen Aufgang aber mit dem Prachiner Kreise, gegen Mittag mit dem Prachiner Kreise und Bayern, gegen Abend abermal mit Bayern. Die größte Länge dieses Kreises enthält von den äußersten Gränzen Böhmens hinter Eisendorf bis Cžißtow 8 böhmische, oder 16 Stundenmeilen. Seine größte Breite entgegen von Radelstein bis Dorfstatt beläuft sich auf 5. böhmische oder 10 Stundenmeilen. Der allerhöchsten Anordnung zufolge werden auch in diesem Kreise fast alle Zweige des Manufakturwesens von Jahr zu Jahr in einen

Zwölfter Theil. A voll-

vollkommnern Grad der Verbesserung und Ausbreitung gebracht. Man zählet bereits in diesem Kreise 1 Alaunsiederey zu Taus. Haraßene Bandelmacher zu Kauth 1, zu Taus 1. Leinene Bandelmacher, die zwar keineswegs als Meister anzusehen sind, indem ein solches Produkt größtentheils nur von dem Hausgesinde als eine Nebensache verfertiget wird. Auf der Herrschaft Chudenitz 2 Stühle. In der Stadt Hoßau 127 Stühle. Auf der Herrschaft Kauth 2 Stühle. Auf dem Gut Prziwoßen 1 St. In der Stadt Taus 864 Stühle. Auf der Herrschaft, und in der Stadt Teinitz sämmtlich 57 Stühle. Leinwand = und Garnhausbleichen, auf dem Gut Bernarditz 1, auf der Herrschaft Chudenitz 1, auf dem Gut Elsch 8, auf dem Gut Grafenried 45, auf der Herrschaft Heiligen Kreuz 4, in der Stadt Hoßau 6, auf der Herrschaft Hradischt 4, in Kammerdörfern 27, auf der Herrschaft Kauth 292, auf dem Gut Kolinetz, Kopetzen, Krzepitz, Mallonitz, und Muttersdorf sämmtlich 21, in den Städten: Neuern 72, Neugedein 1, Neumarkt 9, Przestitz 1, Ronsperg 8, Teinitz 2, auf den Herrschaften Bernarditz 19, Ronsberg 14, Teinitz 14, Teinizl 1. Büchsenmacher auf dem Gut Kollinecz 1 M., in den Städten: Klattau 2 M., Teinitz 1 M. Drechsler auf den Herrschaften und Gütern Kauth 6 M., Mallonitz 1 M., Poritschen 1 M., Stockau 1 M., Unter-Lukawitz 2 M., in den Städten: Neuern 1 M., Ronsperg 3 M., Teinitz 1 M. Leinwanddrucker auf den Herrschaften Unter-Lukawitz 1 M., Wihorzau 2 M.,

in

Klattauer Kreis.

in den Städten: Drosau 2 M., Hostau 2 M., Klattau 1 M., Nepomuk 1 M., Neugedein 3. M., Taus 2 M. Eisenhütten und Hämmer auf den Herrschaften Grünberg 2 Hämmer, 2 Hütten, Kauth 3 Hämmer, 1 Hütte. Schwarz-und Schönfärber, auf den Herrschaften Kauth 1 M., Rosenberg 1 M., in den Städten: Drosau 1 M., Hostau 3 M., Klattau 3 M., Nepomuk 1 M., Neuern 2 M., Neugedein 1 M., Neumarkt 2 M., Przestitz 1 M., Ronsperg 1 M., Taus 3. M., Teinitz 3 M. Florsmacher auf der Herrschaft Bistritz 1 Meister mit 3 Stühlen, in der Stadt Neuern 1 M. Flußsiedereyen auf den Herrschaften und Gütern Bernardicz 1 Hütte, Bezdiekau 1 H., Bistritz 1 H., Chlistau 1 H., Chotiemierz 1 H., Chudenitz 1 H., Dolan 1 H., Elsch 1 H., Gindrzichowicz 1 H., Glosau 1 H., Grünberg 1 H., Heil. Kreuz 1 H., Hradischt 1 H., Hradischtl 1 H., Kanitz 1 H., Kauth 1 H., Klenau 1 H., Kollinetz 1 H., Kopetzen 1 H., Lužan 1 H., Mallonitz 1 H., Merklin 2 H., Miecholup 1 H., Muttersdorf 2 H., Nahoschitz 1 H., Neu-Czestin 1 H., Obitz 1 H., Planitz 1 H., Perietschen 1 H., Przichowitz 1 H., Przinowosecz 1 H., Ronsperg 1 H., Schinkau 1 H., Stockau 1 H., Teinitz 2 H., Teinitzel 1 H., Unter-Lukawicz 1 H., Wihorzan 1 H., Wostraczin 1 H., Wottin 1 H., in der Stadt Taus 1 H. Glaßhütten auf den Herrschaften Heil. Kreuz 4 Hütten mit 3 M., 33 Gesell., 3 Lehrjung., und 36 Gehülfen, Muttersdorf 2 Hütten

ten mit 2 M., 12 Gef. 2 Lehrjung. und 26 Gehül=
fen, Kauth 1 Hütte mit 1 M., 5 Gesell. 1 Lehr=
junge, und 5 Gehülfen, bey der Stadt Taus 1 Hüt=
te mit 1 M., 12 Gesell., 1 Lehrjung., 26. Gehül=
fen. Glasmaler auf der Herrsch. Heil. Kreuz 2 M.
Glasschleifer auf dem Gut Grafenried 1 M. Glas=
schneider auf der Herrsch. Heil. Kreuz 1 M. Gold=
und Silberarbeiter in den Städten Klattau, Taus und
Teinitz 3 M. Gürtler zu Klattau 1 M., zu Taus
2 M. Hutmacher im ganzen Kreise sämmtlich 31
M. Kammmacher in Blowitz 1 M., in Klattau
2 M. Knöpfmacher auf der Herrsch. Ronsperg 1
M. Kupferhammer zu Ronsperg 1 M. Kupfer=
schmiede zu Klattau, und Ronsperg 2 M. Leinweber auf
den Herrschaften Bistritz 56 Stühle, Bezdiekau 2 St.,
Borzikau 1 St., Chlistau 1 St., Chotiemierz 2 St.
Chudenitz 67 St., Dolan 10 St., Elsch 18 St., Glu=
drzichowicz 11 St., Glosau 6 St., Grafenried 25
St., Grünberg 6 St., Heil. Kreuz 40 St., Hradischt
6 St., Hradischtl 1 St., Kammerdörfer 7 St.,
Kanitz 2 St., Kauth 203 St., Klenau 1 St., Kol=
linetz 23 St., Kopetzen 13 St., Lujan 5 St., Mal=
lonitz 11 St., Merklin 28 St., Miecholup 19 St.,
Muttersdorf 12 St., Nahoschitz 2 St., Obitz 15
St., Bernarditz 34 St., Platnitz 164 St., Po=
ritschen 13 St., Prżichowitz 6 St., Prżiwoßecz 6 St.
Ronsperg 11 St., Scherowitz 6 St., Schinkau 17
St., Stockau 22 St., Teinitz 171 St., Teinitzl
63 St., Unter-Lukawitz 8 St., Wihorjau 6 St.,

Wo=

Klattauer Kreis.

Woſtracžin 5 St., Wottin 3 St., in den Städten: Blowiß 2 St., Droſau 45 St., Hoſtau 20 St., Janowiß 6 St., Klattau 20 St., Neuern 16 St. Prźeſtiß 12 St., Ronſperg 18 St., Taus 106 St., Teiniß 20 St. Maler in Klattau 3, in Taus 1, in Teiniß 1. Papiermühlen auf der Herrſchaft Ronſperg 1, Teiniß 1, dann in Bezdiekau, Janowiez, Kauth, Neuern, und Stockau ſämmtlich 5. Poſamentirer in Klattau 2 Meiſter mit 5 Stühlen. Saliterſiedereyen bey Prźeſtiß, und auf der Herrſchaft Ronſperg ſämmtlich 2 Hütten. Spengler und Blechner in Klattau, Taus und Teiniß ſämmtlich 3 Meiſter. Spiegelmacher in Grafenried 5 Meiſt., 2 Geſell. und 3 Lehrjung., in Heil. Kreuz 1 M., in Muttersdorf 2 M. Flachsſpinner im ganzen Kreiſe ſämmtlich 6205. Wollſpinner 2850. Baumwollſpinner 1. Spitzenklippler die größtentheils aus Weibsbildern beſtehen, zu Chudeniß 2, Droſau 16, Heil. Kreuz 23, Hoſtau 16, Muttersdorf 91, Naboſchiß 5, Neuern 15, Ronſperg 172, Teiniß 75. Staficter in Klattau und Taus, ſämmtlich 2 Meiſter. Strumpfſtricker im ganzen Kreiſe ſämmtlich 70 M. Strumpfwirker ſämmtlich 7 M. Tuchmacher in Chudeniß, 1 M., in Klattau 32 M., Teiniß 2 M. Tuchſcherer in Klattau 2 M., Teiniß 1 M. Tuchwalker in Chottemierż und Klattau ſämmtlich 2. Uhrmacher in Klattau 2 M., in Kollineß 2 M., in Nepomuk 1 M., Taus 1 M., Teiniß 1 M. Waffenſchmiede in Biſtriß 1 M., Kauth 1 M., Stockau 1 M. Wollenzeugmacher in Biſtritz 2 M., Gloſau 3 M. mit 15 Geſell., 9 Lehrjung., 16 Gehülf. und 25 Stühlen. Kanitz 2 M. mit 16 Geſell., 11. Lehrjung., 16 Gehülfen, und 27 Stühlen. Kauth 1 Fabrik mit 20 M. 127 Geſell., 43. Lehrjung. 329 Gehülfen, und 188 Stühlen.

Neugedein 22 M., mit 6 Geſell., 4 Lehrjung., 16 Gehülfen, und 32 Stühlen. Přzichowitz 1 M., auf den Herrſchaften Ronſperg 1 Fabrik mit 2 M., 6 Geſell., 5 Lehrjung., 8 Gehülfen und 13 Stühlen. Schinkau 1 M. mit 2 Stühlen, Wihorzau 2 M. Zinngießer in Klattau 1. Meiſter. Die deutſche Sprache herrſchet zwar faſt durchgehends in dieſem Kreiſe, doch ſind einige Gegenden um Klattau, wo man böhmiſch ſpricht, wie man bald in der Folge ausführlich ſehen wird.

Die Hauptflüſſe in dieſem Kreiſe ſind: Mies, dann Bradawka und Radbuza, jener iſt im Berauner, die zwey letzten aber in dem Pilſner Kreiſe S. 6. beſchrieben worden.

Klattau.

Klattow, Klattowy, Clattovia, Glattovia, Glatta, Glatthof, Klawroka, eine kön. Kreisſtadt, zählet ſammt der Spitler = Luber = und Kloſtervorſtadt 455 groſſentheils wohlgebaute Häuſer, führet im Wappen ein mit herzoglichem Hute gekröntes Schild, mit den Buchſtaben W. K. C. Woldrzich (Udalrich) Knjzeczeſky czesty in einem weiß und roth getäfelten Felde, welches einige von einem gewissen Schachspiele, andere aber von Burka aus dem Geschlechte der Hrn. von Klenau, beydes aber ohne allen Grund herleiten wollen a), und liegt 4 gemeine Meilen von Pilsen, 2 Meilen von Taus, und 17 Postmeilen von Prag westsüdwärts entfernt an den Bächen Angel (Auslawa), und Drnowy oder Pyczka, auch Wohtawowy Potok, der durch die Spitlervorstadt seinen Lauf fortrichtet, nicht ferne von Czwrczowicz in die Angel fällt, und im Jahre 1310. dergestalten aufgeschwollen ist, daß bey diesem Vorfalle mehr als zwey tausend Menschen zu Grund giengen b). Die hiesigen Bürger sind sowohl der deutschen als auch der böhmischen Sprache gleich kündig, trieben ehedem einen starken Hopfenhandel, und baueten vor alters auf dem hier nahe liegenden Gebirge Piessy ein eigenes Bergwerk, worüber sie auch 1544. von Ferdinand I. eine besondere Fristung erhalten haben c). Die hiesigen Mägdchen verfertigten auch im vorigen Jahrhunderte einen vortreflichen Schleyer aus Baumwolle, der bis nach Ungarn und in die Türkey verführ-

a) Paprocky. Hammerschm. Hist. Clattoviens. p. 76. Gelasius Dobner Hist. T. 4. ad An. 1001. in Praetermissis

b) Hammerschm. l. c.

c) Peithner edler von Lichtenfels Versuch über die natürliche und politische Geschichte der böhmischen und mährischen Bergwerke. Adauct. Voigt Mineralb. 3. Thl. 1. St. 21 §. Stransky l. c. p. 8.

führet wurde d). Heut zu Tage aber bestehet die Nahrung der hiesigen Bürger nebst dem gewöhnlichen Stadtgewerbe hauptsächlich in dem Ackerbaue. Das eigentliche Jahr bestimmen zu wollen, in welchem die Stadt Klattau angelegt wurde, würde eben so viel seyn als Flittergold für wahr und ächtes Gold feilzubieten. So mancherley und ungewiß sind die Meinungen unsrer Geschichtschreiber hierinnfalls, daß jedermann den schwachen Grund, worauf sie gegründet, und die unlautern Quellen, daraus sie geschöpft sind, von selbst ganz leicht einsehen mag. Stransky, Paproczky, und David Crinitus versetzen die Anlegung dieser Stadt auf das Jahr 771. Hammerschmied behauptet entgegen, daß von den gleicherwähnten Geschichtschreibern bestimmte Anlegungsjahr wäre nur von dem nahe bey Klattau liegenden Dorfe Beniow zu verstehen, die Anlegung der Stadt Klattau selbst aber wäre auf das Jahr 797. einer Frau mit Namen Klattowka oder Klawtoka, die sich in eben diesem Jahre mit Czimislawen vermählet hatte, beyzulegen, und führet zur Bestätigung dieser seiner Meinung ein altes Manuskript eines erdichteten Abtes aus dem Benediktinerorden mit Namen Kademilus oder wie andre wollen Kotomannus an, welches im vorigen Jahrhunderte durch den bey der St. Adalbertskirche in der Neustadt Prag angestellten Pfarrer Boleluczky abgeschrieben, und noch vor wenigen Jahren

---

d) Stransky l. c.

Klattauer Kreis.

sen in dem für jetzt aufgehobenen Kloster der unbeschühten Augustiner bey St. Wenzel zu Prag aufsbewahret wurde. Freylich behauptet der gelehrte Hr. Gelas Dobner, daß dieses Manuskript fast durchgehends aus lauter Unwahrheiten und ungereimten Dingen zusammengestoppelt sey, worinn ich ihm auch gänzlich beyfalle; daß aber dieses Manuskript schon eher als im vorigen Jahrhunderte von wem immer verfaßt seyn mochte, läßt sich hieraus schliessen, weil Paprocky selbst, dessen Werke schon 1602. aus der Presse kamen, manche, obgleich irrige Meinungen aus demselben geschöpft hatte. Ein gleiches Bewandniß hatte es auch mit dem Namen Srudéniczky, den die sämmtlichen ersten Bewohner dieser Gegend von der berühmten Brunnquelle (Srudanka), davon unten ein mehreres vorkommen wird, gleich anfangs angenommen, nach der Zeit aber diejenigen, welche mittelst der heil. Taufe in den Schoos der christlichen Kirche getreten waren; mit dem Namen der Fontiner verwechselt haben sollen. Wir wollen uns demnach mit ungewissen Nachrichten in Betreff dieser Stadt ferner nicht aufhalten, sondern zu solchen Erzählungen schreiten, die sich aus bewährten Schriftstellern ergründen lassen. Daß der Herzog Boleßlaw II. laut des von ihm 998 verfertigten letzten Willens seinem jüngsten Sohne Udalrich ein Stück Landes, darunter einige insgemein die Strecke des klattauer Bezirks von der Urquelle des Flusses Moldau bis an den Fluß Mies verstehen wollen, verschrieben, dessen ältester Bruder

aber

aber Bolcslaw III. ihm dieselbe wieder entrissen, und seine beyden Brüder sammt der verwittweten Herzoginn, seiner eigenen Mutter Emma gegen das Jahr 1001. aus dem Lande verjagt habe, dafür sind Adelboldus e), Ditmarus f), Stransky g), und Paproczky h) Bürge, welche zwey letztern noch hinzu setzen, daß eben dieser Herzog Udalrich Klattau mit Mauern befestiget, und in die Zahl der Städte versetzet habe. Nach der Zeit, als Udalrich selbst zu dem Herzogtum Böhmen gelangte, fiel auch dieser ganze Bezirk neuerdings der Krone von Böhmen zu und blieb dabey bis auf das Jahr 1143., in welchem Herzog Wladislaw II. denselben seinem jüngsten Bruder Theobald, für die ihm so treu als tapfer geleisteten Kriegsdiensste verehrte, als welcher 1142 den 25. Apr. wider Konraden Herzog aus Znaym bey dem nahe an Kuttenberg gelegenen Flecken Suchdol herzhaft gefochten, bald darauf die Stadt Prag wider eben diesen Feind tapfer vertheidiget, und 1147. Sobieslawen des verstorbenen Herzogs Sobieslaw Sohn, der sich während der Zeit, da der Herzog Wladislaw II. einen Feldzug nach Jerusalem unternahm, des Thrones von Böhmen bemächtigen wollte, in dem Dorfe Zdiz (Vzdicz) listiger Weise gefangen genommen hatte, und denselben bis zur Wiederkunft

e) In vita S. Henrici Imp.
f) L. 5.
g) Reip. Boem. c. 2.
h) De Urbibus.

kunft des Herzogs in Prag festsetzen ließ i). Bisher haben wir in Betreff des gleichgemeldten historischen Satzes die Zeugnisse sowohl der ältern als neuern Schriftsteller angeführet; allein Hr. Gelas Dobner verwirft gänzlich diese Schänkung, welche Wladislaw mit dem Klattauer Bezirke seinem Bruder Theobald gemacht haben sollte k). Die Bewegursachen, worauf er seine Meinung gründet, sind folgende: 1) Die spätern hier genannten Schriftsteller hätten sämmtlich diese Nachricht aus den unächten und irrigen Quellen des Johann Klatowsky geschöpft, und auf ihre Nachkömmlinge fortgepflanzet. 2) Gestehet zwar der Hr. Dobner, daß sowohl der obenerwähnte Theobald, als auch dessen Sohn gleiches Namens dem Zeugnisse unsers Chronographi Siloensis zufolge noch im Jahre 1182. den vierten Theil von Böhmen mit Genehmhaltung des Herzogs Friedrich im Besitze gehabt, und sich laut einer alten Urschrift, die noch heut zu Tage in dem nahe an Prag gelegenen Benediktinerstifte bey St. Margareth aufbewahret wird, als Herzog von Czaslau, Chrudim, und Wratislaw, worunter er einen Theil des Chrudimer und Königgratzer Kreises verstehen will, genannt und geschrieben habe; nur dieses verneint er, daß jemal Theobald der ältere, oder dessen Sohn ein Besitzer des Klattauer Bezirkes gewesen wäre, weil eben

der

i) Vincentius Canonic. Prag. Stransky. Hagek. Joannes Klatowsky Paproc. Pessina, Balbin. Misc. L. 4.
k) Hist. T. 6. ad An. 1143. et 1167.

der bey ihm in einen gänzlichen Mißkredit verfallene Johann Klatowsky solches versichert. Ich gestehe zwar gerne, daß Klatowsky eben so die gegenwärtige Geschichte, als viele andere seiner Erzählungen mit unwahrscheinlichen und ganz irrigen Umständen durchgewebt habe; allein hieraus folget noch keineswegs, daß man ihm auch in allen übrigen historischen Hauptsätzen die Glaubwürdigkeit gänzlich abzusprechen befugt wäre; besonders, da er selbst bekennet, daß er diese Nachricht sowohl, als andre Begebenheiten in einem uralten Manuskripte bey dem zu solcher Zeit angestellten prager Domprobste Peter von Linda nur mit einem flüchtigen Auge, und darzu noch mit vieler Mühe gelesen, und dann erst in seinem Hause, so viel als er sich merken konnte, zu Papier gesetzet habe. Daß man aber dieses Manuskript nach dem Tode des gleichgenannten Domprobstes vergeblich unter seinen Büchern gesuchet habe, macht zur Sache nichts; denn einem solchen Schicksale sind die seltsamen Bücher leider! noch heut zu Tage insgemein unterworfen. Wenn wir noch hierzu die oben angeführten Worte des zu solcher Zeit lebenden Chronographi Siloensis genauer erwegen, so sieht man ganz leicht ein, daß sich das Gebiet des ältern Theobald noch viel weiter habe erstrecken müssen, in, dem der Czaslauer Bezirk allein mit einem Theile des Chrudimer und Königgratzer Kreises noch lange nicht den vierten Theil Böhmens würde ausgemacht haben. Nach dem Hintritte des gleicherwähnten

ten

ten Theobald fielen die sämmtlichen Güter dessen Sohne Theobald dem jüngern zu, und kehrten abermal an die Krone von Böhmen zurück, als er, wie Paprocžky sagt, von dem Herzoge Friedrich das Herzogtum Znaym für den Klattauer Bezirk bekommen hatte, oder aber, da er 1190. auf dem Feldzuge nach Palästina nebst vielen andern von der Pest angegriffen wurde, und daran verstorben war. Nicht lange darauf mußte die Stadt Klattau fast durch ganze drey hundert Jahre vielen harten Schicksalen unterliegen, bey welcher Gelegenheit die hiesigen Bürger theils durch unermäßliche Brandschatzungen, theils durch manche andere traurigen Vorfälle in die mißlichsten Umstände versetzt worden sind. So schwoll 1310. der sogenannte Bach Drnowy dergestalten auh, daß hierdurch fast die ganze Spitlervorstatt überschwemmt wurde, und mehr als zwey tausend Menschen zu Grunde giengen l). Im Jahre 1421. den 29 März ist Klattau von Žižka überfallen, geplündert, und eine grosse Anzahl Menschen ermordet worden. Ein gleiches wollten auch die Gränzsoldaten wagen, die 1467. den 2. Juli um den K. Georg Podiebrad zu bekriegen aus Bayern in Böhmen gefallen sind; allein sie wurden von den Klattauer Bürgern nahe an einem Walde bey dem Schlosse Riesenberg auf das Haupt geschlagen. Man zählte auf dem Wahlplatze 500 Feinde, die nebst ihrem Feldherrn Nothaft in wenigen Stunden erleget worden sind m).

l) Hammerschm. l. c.
m) Paprocky. Stransky. Hammerschm. l. c. ex Daniele Erasmo Raczinsky de Raczindorf.

Im J. 1504. schickten die Böhmen eine auserlesene Mannschaft von 3000 Fußvolk, und 900 Reiter unter dem Kommando der Herren von Kollowrat, Sternberg, Schwihowsky und Zeidlitz nach Bayern dem Pfalzgrafen Ruprecht zu Hülfe, der mit dem Kaiser Maximilian I. in einen Krieg verwickelt war. Bey Regenspurg stießen beyde Kriegsheere zusammen. Die Pfälzer flohen gleich bey dem ersten Angrife davon, und ließen ihre Hülfsvölker im Stiche. Die Böhmen hingegen, die ein solches zu thun nicht gewohnt waren, machten anfangs dem Feinde einen tapfern Widerstand, und wollten sich keineswegs eher ergeben, als bis von ihrer Seite zwey tausend und ein hundert auf dem Schlachtfelde todt lagen. Hierauf geriethen die kaiserlichen Truppen in die äuserste Wuth, fielen über die Stadt Klattau her, und richteten daselbst ein dermaßen schreckliches Blutbad an, daß sie so gar die unschuldigen Kinder geviertheilet, die blutrünstigen Stücke auf ihre Spiße gesteckt, einen großen Theil der Stadt in Brand gelegt, und keines Geschlechts noch Alters verschonet haben n). Gegen die Mitte des gleich erwähnten Jahrhunderts haben die hiesigen Bürger die Ungnade des K. Ferdinand I. sich selbst freywillig auf den Hals geladen. Sie traten nämlich dem zwischen Johann Friedrich Churfürsten aus Sachsen und den böhmischen Landesständen geschlossenen

Bünd-

---

n) Idem ex Planctu Glattoviensi Wenceslai Clementis Z'ebraczky,

Bündnisse bey, und weigerten sich den verlangten Beytrag sowohl am Gelde, als an Kriegstruppen ihrem Könige zu geben. Als aber eben dieser Churfürst 1547. den 24. Apr. bey Mühlberg aufs Haupt geschlagen, und nebst dem Landgrafen von Hessen gefangen genommen wurde, mußten sich die hiesigen Einwohner, so wie alle übrigen Städte in ganz Böhmen, Pilsen, Budweis, und Außig allein ausgenommen, gefallen lassen, einen Revers von sich zu geben, darinn sie sich verpflichteten, die mit den Ständen geschlossenen Bündnisse aufzuheben, von einem jeden Eimer Bier und Strich Malz 1. Gr. böhm. dem Könige abzuführen, alle ihre Güter, Zölle, Mauten, und andere gemeinen Einkünfte an die königl. Kammer abzutreten, die sämmtlichen verliehenen Freyheitsbriefe auszuliefern, und über dieß sammt den übrigen Städten eine Summe von einmal hundert tausend Schock prager Groschen Strafgeld zu erlegen o). Dieser widrige Zufall würde zweifelsohne jedermann klüger gemacht haben, ferner in dergleichen ähnlichen Fällen desto sorgfältiger auf seiner Hut zu stehen; aber bey den Klattauern war eben gerade das Gegentheil. Sie ließen sich neuerdings im J. 1620. beygehen, für Friedrichen aus der Pfalz, wider ihren rechtmässigen König Ferdinand II. die Waffen zu ergreifen, und die Stadtthöre nicht eher, als bis nach einem heftigen Sturmlaufe am 13. Oktob. dem Herzog aus Bayern zu

o) Urkunde in Mf. bey dem Hrn. Gelas Dobner.

zu öffnen p). Und eben dieses halsstärrige Betragen mochte auch die Veranlassung hiezu gegeben haben, daß man die hiesigen Bürger vom 1632 J. bis auf das 1635. J. mehr als zweymal hundert und dreyßig tausend am baaren Gelde, und über 14449. Strich Haber als eine Kriegssteuer abzuliefern genöthiget hatte q). Ungeachtet nun die hiesigen Bürger auf solche Weise sehr entkräftet, und fast aller ihrer Mittel entblößt waren, so fanden selbe dennoch kein Mitleiden bey dem schwedischen Feldherrn Torstensohn, der 1641. den 6. Febr. die hiesige Stadt überfiel. Die sämmtlichen Häuser wurden binnen zwey Stunden geplündert, zwey hundert Pferde davon geführet, viele Menschen niedergehauen, und hundert und funfzig derselben tödtlich verwundet. Der sämmtliche Schaden, den die Bürger bey diesem traurigen Vorfalle erlitten haben, ist laut einer Rechnungsschrift, die noch zu Ende des vorigen Jahrhunderts in dem hiesigen Stadtarchiv aufbewahret wurde, gering gerechnet, auf einmal hundert funfzig tausend Schock meiß. geschätzet worden r). Im J. 1645. den 24. Febr. kehrte dieser verhaßte Gast, nachdem er schon einen großen Theil Böhmens durchgewandert hatte, abermal nach Klattau zurück, schleppte den ganzen Viktualien- und Munizionsvorrath, den man hier für die k. k. Kriegsarmee aufbewahret hatte, mit sich

weg,

p) Stransky l. c.
q) Hammerschm. l. c. p. 154. aus bewährten Lieferungsrechnungen.
r) Hammerschm. l. c. p. 155.

weg, schrieb eine Brandschatzung von dreißig tausend aus, davon aber die hiesigen Bürger, in einer Frist von vier Wochen, nur zehn tausend mit größter Mühe zu erlegen im Stande waren, und zog von dannen nach Jankau fort s). Im J. 1648. den 17. Jun. rückte abermal der schwedische Feldherr Königsmark mit fünf und dreyßig Regimentern zu Klattau ein, und nöthigte die hiesige Bürgerschaft unter vielen Drohungen 6995 fl. 31 kr. in einer Nacht zu erlegen t). Ueberdieß mußten die hiesigen Bürger noch viele andere Plagen versuchen, wodurch ihnen das sämmtliche Hab und Gut entrissen wurde. Im J. 1484. rieß ein dermassen großer Getreidmangel in hiesiger Gegend ein, daß viele Menschen in Klattau, und in den herumliegenden Dörfern vor Hunger dahin sterben mußten. 1 Strich Weizen galt zu solcher Zeit 16 fl., 1 Str. Erbsen 20 fl. 1 Str. Korn 15 fl. 1 Str. Gersten 14 fl., und 1 Str. Haber 10 fl. v). Im J. 1424. verfolgten die Hrn. Hanuß von Kraßow, Kollowrat, Johann Hanowecz, Krussina v. Schwamberg, Wilhelm v. Schwihow und Burian Czalta den im Lande weit und breit herumstreifenden Žižka, und steckten die hiesige Vorstadt sammt den Mühlen in Brand, weil die Klattauer dem Žižka 300 Mann Hülfs-

s) Ibidem & Hist. S. I. P. 4. L. 4.
t) Hammerschm. aus dem M. Kaspar Phitopäus Kopidlansky damaligen Stadtschreiber in Klattau.
v) Idem ex veteri MS.

Hülfstruppen zugeschickt haben x). Im J. 1464. brannte fast der dritte Theil dieser Stadt ab, und 56 Menschen verlohren ihr Leben dabey y). Ein gleiches ereignete sich 1520. den 25. May, bey welcher Gelegenheit 300 Häuser zu Grunde giengen; und abermal 1541. 1546. 1556. 1562. den 7. Juny, 1579. den 12. May, 1580. 1583. 1586. 1615. 1933. 1642. 1669. 1689. den 8. Juli z), und letztlich 1758. den 23. Jun., in welchen zween letzt genannten Jahren die ganze Stadt sammt dem von lauter Quatersteinen erbauten Stadtthurm, und der darauf hangenden großen Glocke eingeäschert wurde. Unter die merkwürdigen Gebäude werden hier gerechnet: 1) das 1559 von Grund auf ganz neu erbaute, und 1781. wieder hergestellte Rathhaus mit einem 24 Klafter hohen Thurm, dessen wir kurz bevor erwähnet haben, darauf die Stadtuhr mit einer 90 Cent. schweren Glocke angebracht ist. Dieser Thurm ist in einer Frist von sieben Jahren und mit einem Aufwand von 820 Sch. weiß. Gr. durch den geschickten Baumeister Anton Salnellyn aus Amsterdam 1555. zu Ende gebracht, und 1557. durch den Meister Johann Pithy mit Kupfer gedeckt, und mit einem vergolden Knopfe der 9 Viertel faßte, versehen werden. Im J. 1575.

brannte

x) Bartossius.

y) Hammerschm. l. c. ex Daniele Erasm. Raczinsky de Rancz'indorf. Paprocky.

z) Jan Jabrobsky z Tiessynn. Pysarj w Miestie Klatowech. Dan. Erasm. Racz'insky. Lupac. 7. Jun. & 12. May. Hammerschm. l. c. C. 7. 8. 9. 10.

brannte dieser Thurm ab, wurde aber 1583. wieder hergestellet, mit weißem Blech gedeckt, und mit einer neu gegossenen Glocke behängt, die 99 Cent. 1 Pf. gewogen, 595 fl. gekostet, und folgende Aufschrift geführet hatt:.

1579. Po ohniwe Klatowy me ſtaze
1580. Acž mnie ſſil Niemecz Oſwegezar draze,
1581. Wſſak zle, neb ſotwa Rok gſem wám ſtaužil.
1582. Až mnie zaſe Czech Martin Gindra ſtil.
  Was w Chram woláṁ, was prowazym k Hrobu
  O bych was tau czeſtau dowedl k Bohu!
1582. Což djm, wolam, an priſſlo z neſſtieſtj
  Že pro nedoſſle Vſſi potreti,
  Muſyl gſem Ohniem prjedielan bytl,
  Hledtež y wy w lepſſy promieniti.
  Ga zwuky, S. Božy wola oprawdu,
  Žiwj, Mrtwj wſtańte podte k Saudu.
    Jan Zahrobſky z Tieſſyna.

Im J. 1615. brannte dieſer Thurm wieder ab, und wurde künftig nur mit Schindeln gedeckt aa).

2) Die Dechantkirche unter dem Tit. Marien Geburt, die ſchon 1014. angelegt, dann theils durch die hieſigen Bürger, theils durch andre Wohlthäter 1366. 1369. 1380. 1387. 1389. 1401. 1404. 1409. und 1414. mit neuen Schenkungen und Ein-

---

aa) Hammerſm. l. c. C. 5. 7. 8. 9.

fünften versehen worden ist bb). In dieser Kirche ist ein Marienbild, dessen Urbild in Wälschland in dem so genannten Flecken Vallis Vigletii aufbewahret wird, ausgesetzt, welches 1685. aus der Chaluppe des Glasermeisters Samuel Pruner aus folgender Veranlassung übertragen worden ist. Den 8. Jul. des gleichgesagten Jahres entstand unter den hiesigen Bürgern ein Ruf, daß dieses Gemälde Blut schwitzen sollte. Der zu solchen Zeiten angestellte Dechant, und der sämmtliche Magistrat kehrten sich wenig an eine genauere und kritische Untersuchung einer so ungewöhnlichen Begebenheit, noch an die Rede einiger geistlichen und weltlichen Personen, die ihrer guten Einsicht nach die ganze Sache bezweifelt hatten cc), sondern sammelten hierüber in größter Eile einige mündlichen Aussagen von zwölf Personen aus dem geringsten und unerfahrensten Pöbel, und schickten selbe ohne Verweilen an das prager Erzbischöfliche Konsistorium. Aber auch hier fanden sich so kluge und einsichtsvolle Männer, die der blossen Aussage eines rohen und unerfahrnen Volkes keineswegs den Glauben beymessen wollten. Die Anbringer dieser seltsamen Begebenheit wurden also mit folgendem Briefe abgewiesen: Venerabili nobis sincere dilecto Joanni Adalberto Stodlar Decano Clattoviensi, & per partem Districtus Plsnensis Vicario Foraneo,

bb) Hammerschm. l. c. c. 5. LL. Erect. Vol. 1. B. 5. Vol. 2. N. 2. Vol. 3. N. 1. Vol. 5. E. 2. Vol. 6. U. 5. Vol. 7. C. 4. Vol. 9. E. 7. Vol. 10. L. 1.
cc) Hammerschm. l. c. C. 5. p. 241.

neo. Venerabilis nobis fincere dilecte. Relationem veſtram circa imaginem illam Beatae Virginis, e cujus capi~~...~~, una cum atteſtatione civitatis figillo munita accepimus, nobisque omnia & fingula fecimus referri. Cum autem res haec maioris fit indaginis & confiderationis, quam ut aſſertis nudis fides poſſit adhiberi. Hinc vobis harum virtute committimus, ut praefatam imaginem in publico expofitam nullatenus habeatis, verum in aliquo, iuxta veſtrum arbitrium, privato loco, ad quem praeter vos nemini aditus pateat, decenter pro nunc, uti & chartulam illam, quae fanguinea inde emanata gutta dicitur, maculata, aſſervetis. Quodfi forfitan loci incolae circa iterato memoratam imaginem moverent negotium, teſtes miracula haec aſſerentes ad Venerabile Confiſtorium dirigantur, fuper fibi hac in parte proponendis quaeſtionibus iuramento corporali firmandis, teſtimonium depofituri. Pragae in Cancellaria Archiepifcopali 17. Julii A. 1685.

Wenceslaus Bilek a Bilenberg Officialis
Joannes Schaubogen
pro Cancellario.

Deſſen ungeachtet wurde die Sache doch bald wieder neuerdings rege, wozu vielleicht auch die nach Klattau zu diefem Ende abgeſchickten Konfiſtorialkommiſſarien Franz Liepure Kanzler, und Ferdinand Czedik Sekretär eine neue Veranlaſſung mochten gegeben haben, und die hiefigen Bürger ruheten nicht eher,

eher, bis ihnen von dem prager Erzbischofe Johann Friedrich Grafen von Waldstein 1685. den 6 Sept. billi~~gst end~~~~lich di~~e die öffentliche Aussetzung dieses Marienbildes gestattet wurde dd).

In dieser Kirche liegt die Leiche des Adolph Otto Reichsgraf. v. Kronberg in einem 9 Cent. und 30 Pf. schweren zinnernen Sarge, unter folgender auf einer gleichfalls zinnernen Tafel gestochenen Grabschrift: Sepultura Illmi D. D. Adolphi Ottonis S. R. I. Comitis de Kronberg, Alto - Gerolczek & Falkenstein, L. Baronis in Oberstein, Domini in Poritsch, Borbei, Flerchingen & Ober Merimb. Quem ex antiquissima Profapia, Magnanimo Belliduce Patre oriundum. Eidem nec animo. Nec virtute Maiorum Annus 1629. 29 Septembris amplexus nascentem. Eidem Annus 1692. die 1. Aprilis Fatalis erat, Nempe septies novem. In Aprilem a morte deductus eft, fed femper floridum aeternitatis. Mortuum tamen non putato, Qui amore in cognatis, fama in Orbe, Anima in caelo vixit. Exemplarissime enim ut vixit, ita mortuus. Disce bene vivere, & mori Viator, Animaeque bene precare.

Nach der großen Feuersbrunst, die hier 1615. schrecklich gewüthet hat, ist eine große von 40 Cent., und dann 1650. eine kleinere Kirchenglocke von 14½ Cent. zu dieser Kirche verfertiget worden. Die größere führte folgende Aufschrift:

Ob

dd) Hammerschm. l. e. C. 6. seq.

Ob Narozenj Krysta ssestnaczte Set,
Kdyż pominulo smutnych patnacte Let,
Po trzetj Swate Trogicze Nedtely
Przj Miesta Klatow opiet wyhorzenj,
Trzy Zwony spolu przissly k zmarzenj.
Z czesstych Budiowicz od Walentjna
Tento Zwon obnowen wzal Miesstienjna,
Kzigna Miesycze to ssestnaczttisteho,
Leta Panie sstiastneho ssestnacteho.
M. L. V. L. S. I. M. Z. A. B. I. M. P.
Die kleinere: To djlo wykonaly: Jan Prykwey,
Sstiepan Prykwey.

Allein auch diese giengen 1689. durch die weit und breit um sich greifenden Flammen wieder zu Grunde, und man war genöthiget zwey andere Glocken mit einem Aufwand von 600 fl. verfertigen zu lassen, aus welchen die grössere mit diesen Worten bezeichnet ist: Post in- cineratas universas huius Civitatis aedes, regnante feliciter Imperatore Leopoldo, Rege Romanorum Jose- pho, Archiepiscopo Pragensi Joanne Friderico Comite de Waldstein, Civitatis Clattoviensis Decano Joanne Adalberto Stodlar, Magistratu: Caesareo iudice Joanne Philippo ab Hoch, Senatoribus: Prima- te, Jacobo Zhorsky, Martino Würth Medici ae Doctore, Wenceslao Pubecz, Augustino Scholz, Joanne Salass, Luca Zagan, Dominico Colambo, Luca Hieronymo Brodtman, Joanne Wodicz'ka, Joan- ne Jacobo Tepliczky, Mathia Perniklo, Daniele Wo- rz'issek.

Die

Die kleinere: campana haec eX pIo aerarIo proDIgIoſae, beataeqVe VIrgInIs MarIae CLattoVIensIs fVſa eſt a Stephano Priquey cive Clatovienſi Anno 1690.

Nächſt an die Dechantkirche ſtößt die ſo genannte erzbiſchöfliche Kaplaney oder Superiorat nebſt einer gemächlichen Wohnung, die 1638. (mit Abtragung der alten Schule) der prager Erzbiſchof Johann Friedrich v. Waldſtein für drey Kapläne, und einen Superior, der von dem Dechant unabhängig ſeyn, den Rang vor den ſämmtlichen Pfarrern in der ganzen Diözeſ haben, und ſammt den Kaplänen in der Seelſorge die nöthige Hülfe dem Dechante leiſten ſollte ee). Heut zu Tage ſind daſelbſt nur ein Superior, und ein Kapellan von J. 1766., vor Zeiten haben gemeiniglich die Erzpfarrer dieſe Superioratſtelle begleitet. 3) Die Kirche der unbefleckten Marienempfängniß und des heil. Ignatius mit einem ehemaligen wohlgebauten Jeſuiterkollegium, ſo nach der Zeit, als dieſer ſämmtliche Orden 1773. aufgehoben wurde, in eine Kaſerne verwandelt worden iſt. Dieſe Ordensmänner ſind zwar ſchon 1636. den 28. Febr. hier eingeführet worden, als ihnen der K. Ferdinand II. die nach Danielen Koralek an den königl. Fiskus verfallenen Güter geſchenkt hatte. Die förmliche Stiftung aber gelangte dann erſt zu ihrem vollkommenen Stande, nachdem Georg

Adam

---

ee) Hammerſchm. l. c. C. 4.

Adam Borzita v. Martinicz Oberſtkanzler im Königreiche Böhmen laut ſeines letzten Willens 1651. den 12. Nov. zur Anlegung der Stifskirche 10000 fl., deſſen Tochter aber Lucia Ottilia nach dem Hintritte ihres Gemahls Udalrich Franz Liebſteinſky Graf. v. Kollowrat, nebſt dreyßig tauſend Gulden, welche ſie den Profeßhäuſern in Prag und Wien anwies, funfzig tauſend Gulden dem hieſigen Jeſuiterkollegio allein in eben dieſem Jahre verehret hatte ff). Heut zu Tage wird dieſe Kirche, welche zu Anfang dieſes Jahrhunderts durch den berühmten Johann Dienzenhofer ganz neu wieder hergeſtellet worden iſt, von fünf Exjeſuiten, die zugleich die hieſige Jugend in den ſechs niedern lateiniſchen Schulen unterrichten, adminiſtriret. Die Einkünfte des ehemaligen hieſigen Jeſuiterſeminariums ſind 1636. den 2. Dezemb. durch Markus Salleri mit 1000 fl., im J. 1698. durch Wenzel Arnold, einen aus Pilſen gebürtigen Jeſuiten mit 1000 fl., dann 1715. und 1725. durch Franz Andreas v. Hoch, und deſſen hinterbliebene Wittwe, mit einem Kapital von 1400 fl. vermehret worden. Ein mehreres hiervon kann man in den Studentenſtiftungen nachholen.

4) Die Kirche zu St. Laurenz mit einem ehemaligen Dominikanerkloſter, welches im vierzehnten Jahr-

---

ff) Hiſt. S. I. P. 4. L. 2. & 6. Crugerius 8 Decemb. Hammerſchm. l. c. C. 8.

Jahrhunderte durch verschiedene Wohlthäter mit namhaften Schenkungen vermehret gg), zur Zeit der hussitischen Unruhen zerstöret, 1419. unter Ferdinand II. aber wieder hergestellet, und 1787. den 18 April laut eines Hofdekrets aufgehoben worden ist. Hagek, Johann Klattowsky, Paproczky, Balbin, Crugerius, Bergbauer, Hammerschmied, Ziegelbauer und andere mehr behaupten, daß bey dieser Kirche anfänglich gegen das J. 1158. die Benediktinermönche wären gestiftet worden, die aber Przemißl Ottokar II. von dannen verdrungen, und das Kloster den Dominikanermönchen eingeraumt haben sollte. Da aber diese Muthmassungen mit so vielen Unwahrheiten, und derben Anachronismen vermengt sind, indem einige die Benediktiner von dem oben genannten Herzog Theobald, andere aber von den Hrn. Schwihowsky hier eingeführet wissen wollen, von welcher Stiftung doch weder Neplacho, noch Benessius Gelasianus eine Erwähnung machen, andere wieder den Dominikanern, ehe noch ihr Orden gestiftet war, dieses Kloster einraumen, so werden sie billig von allen Kritikern unter die abgeschmackten Mährchen und Erfindungen verworfen. Eben so verhält es sich mit dem Frauenkloster, dessen Stiftung abermal einige aus den oben angeführten Schriftstellern des kurz bevor genannten Herzogs Theobald — wie sie vorgeben — Schwester Annabilie beylegen, da sie doch keineswegs dieses Herzogs

---

gg) LL. Erect. Vol. 12, C. 6. H. 3.

jogs Schwester seyn konnte, indem sie aus dem edlen Geschlechte der Hrn. Schwihowsky abstammte, wie solches der gelehrte Hr. Gelas Dobner im 6 Tpl. seiner Annalium Hagecianorum gründlich geprüfet, und ganz deutlich aus einander gelegt hatte. In der Klostervorstadt trift man folgende drey Kirchen an: 5) zu St. Jakob den Gr., deren Anlegung einige auf das J. 983. versetzen hh). Sie kömmt in den Errichtungsbüchern auf das J. 1414. vor ii). Man trift hier folgende Grabschrift an: Pietate, Doctrina, & prudentia conspicuo Domino Nicolao Lunaco, alias Koralek, reipublicae Glattoviae civi & olim Primati, ingenuarum artium cultori, & promotori, ex hac mortali & caduca vita ad illam coelestem ac aeternam in vera Filii Dei D. N. J. C. agnitione, ardentique invocatione Anno reparatae Salutis MDXCIV, alias feria 2. Rogationum intra XXIII & XXIV horam evocato Ludmilla Marito, Daniel Koralek a Tieffin vitrico dilecto honoris ergo Monumentum An. M.D. XC. VI. Bey dieser Kirche sind zwey Glocken angebracht, deren größere folgende Auffschrift führet: Nakladem obecznim Miesta Klatow. Vdielan gest Zwon tento k S. Jakubu na Przedmiesti tehoz Miesta strze Brykczyho Zwonarze Miesstienjna w nowem Miestie Prazskem. Leta 1569. Die kleinere:

Ne mug. Zwuk, nez Hlas z Oblakuw,

Wola was, wstante z swych Stankuw.

Ta-

hh) Berghauer in Protomart. P. 1.
ii) Vol. 13. V. 5.

Tato buď azſpoň ſtjn Hora,
Slowa onoho Tabora,
Ådež Mogžiß byl s Ellaſſem
Y ſam Syn Božy wyblaſſen.
Gemuž ke cti buď tento Chram,
Y ga Zwonec obietowan.

* Auf der zweyten Seite ſind verſchiedene Geſchlechtswappen mit folgenden Namen angebracht: Mikulaß Daniel Bolanſky Boralek z Cieſſynu. Lidmila Boralkowa., Pawel Kaffunk z Poborowicz. — Slowutny Oſtiepan Zwonarz z Šprbergku w nowem Mieſtie Prazſkem Zwon tento vdielal Leta 1589. Nächſt daran lag ehedem 6) die vom Johann Bofſka von Cieſſyn einem hieſigen Bürger aufgeführte Kirche unter dem Tit. des Lamm Gottes, die aber 1676. ganz neu wieder hergeſtellet, und unter dem Namen des heil. Adalbert eingeweihet worden iſt kk). In dieſen zweyen Kirchen wurde zu unſern Zeiten das Schießpulver aufbewahret. Im Jahre 1783. aber fiel ein Wetterſtrahl herab, wodurch dieſe beyde Kirchen in die Luft geſprengt wurden. 7) Die 1496. angelegte Kirche unter dem Namen des heil. Erz. Michael ll). Auf dem nächſt an der Stadt liegenden Berge Żaludowa Hurka ſind gleichfalls zwey Kapellen zu St. Martin, und St. Anna, die vor Alters unter dem Namen der Verklärung Chriſti bekannt war, und im Jahre 1234. ſtiftete hier

ein

kk) Hammerſchm. l. c. C. 3.
ll) Ibidem.

Klattauer Kreis.

ein hiesiger Bürger Konrad von Pomuk mit Genehmhaltung des K. Wenzl II. ein Spital unter dem Namen des heil. Geistes, schenkte hierzu einen in der Vorstadt gelegenen Meyerhof, ein Bräuhaus, 300 Schafe, 18 Ochsen, 6 Pferde, 8 Kühe, einen Garten, und eine Mühle nebst einigen liegenden Gründen in Kapanowitz und Tachnik, übergab selbes der Aufsicht des ritterl. Kreuzordens mit dem rothen Sterne, und verpflichtete sich nach dem Hintritte seiner Gemahlinn das Kleid des gleichererwähnten Ordens anzunehmen mm). Man trift hiervon heut zu Tage keine Spur mehr an. In dem hier anstossenden Gebirge findet man in tiefen Gegenden verschiedene Steinarten, als Serpentin und ganze Hügel von schönem und dichten weißen Marmor nn), dann den berühmten Gesundbrunnen Klawtoka oder Blatowka, dessen man sich in verschiedenen Krankheiten mit guter Wirkung bedienet. Noch vor wenigen Jahren standen einige der hiesigen Einwohner fest in diesem falschen Wahne, daß, wenn das aus dieser Quelle zum Gebrauche eines Kranken geschöpfte Wasser trüb würde, solches den gewissen Tod, das Gegentheil aber eine baldige Genesung zu bedeuten hätte.

Unter den hiesigen Gelehrten thaten sich hauptsächlich hervor: Mathias von Blattau ein Historiker. Jo-

---

mm) Urkunde et Bulla Gregorii IX. in Archivo Cruciger.

nn) Abhandlung einer Privatgesellschaft in Böhmen IV. B. 173. S.

Johann Strabo, der sich eine vollständige Kenntniß in der griechischen und hebräischen Sprache erworben hatte. Augustin von Klattau, M. Martinus, und M. Paulus Christianus, deren erster die Ehrenstelle eines Rectoris Magnifici, der zwente aber eines Kanzlers an der prager hohen Schule begleitet hatte. Simon Ennius starb 1561. den 20. Februar oo).

Der hiesigen Sadtgemeinde gehören folgende Oerter: 1) Slawoschowitz sammt der 2) Schinowiger Mühle von 19 N. 3) Bosinaczow, Bozmaczow von 7 N., davon etwas nach Teinitzl gehöret.

4) Lub von 41 N. mit einer Walkmühle, und einer St. Nikolauskirche, die auf das Jahr 1384. und 1413. als Pfarrkirche vorkömmt pp), liegt an dem sogenannten Grasbache oder drnowy Potok. Man trift hier noch wenige Merkmale von einem verfallenen Schlosse an.

5) Nowakowicze, sammt der 6) Trattemühle, und 7) Benhof, Beniow, Benowicz, Beniewes, sammt den dabey liegenden Kammeralchaluppen, die nach Dolan gehören, und einem bürgerlichen Hofe, den der Hr. Franz Bartowicz im Besitze hält, von 22 N. Hier sind gleichfalls wenige Spuren eines verfallenen Schlosses zu sehen. Beniow und Nowakowicz gehörten ehedem dem Frauenstifte bey St. Georg

oo) Boemia Docta P. 2. Lupac.
pp) LL. Erect. Vol. 9. Q. 9.

Georg zu Prag, wurden aber vom Přzemißl Ottokar II. der Stadt Klattau zugeeignet qq).

8) Tajanow, Taganow sammt der 9) Rothen- und 10) Neuen Mühle von 19 N.
11) Točznjk von 30 N., stößt an einen großen Teich, der mit vielem andern kleinen umgeben ist. 12) Wostrzericz sammt 13) Makalow von 19 N., davon etwas nach Teinizl gehöret.
14) Koralkow von 18 N., davon ein Freyhof der königl. Kammer zugehöret.

Hof Pichowitz.

Gehöret dem Hrn. Karl von Belloti.

Hof Wiederkum.

Gehöret dem Hrn. Joseph Celestin.

Hof Laschanka.

Gehöret dem Hrn. Johann Pasarka.

Majoratsherrschaft Teinizl.

Gehörte schon zu Anfang des vorigen Jahrhunderts dem adelichen Geschlechte der Herren Krakowsky von Kollowrat, die nach der Schlacht am weißen

qq) Hammerschm. Hist. Monast. S. Georg.

ſen Berge das dem Hrn. Udalrich Sobieticzky konfiszirte Gut Sobieticz käuflich an ſich gebracht, und der Herrſchaft Teinizl einverleibt haben. Aus den ehemaligen Beſitzern dieſer Herrſchaft kommen bey unſern Schriftſtellern folgende vor: Auf das Jahr 1635 Wilhelm Albert Krakowſky von Kollowrat, Sr. k. k. Maj. geheimer Rath, und Hauptmann in der Neuſtadt Prag a), der 1674. der erſte aus dieſem Geſchlechte vom Kaiſer Leopold in den Reichsgrafenſtand erhoben wurde. Das hierüber ausgefertigte kaiſerl. Diplome wird noch heut zu Tage bey der Excell. Gräfinn Maria Eliſabeth von Noſtitz, gebohrnen Gräfinn Krakowſky von Kollowrat aufbewahret. Auf das Jahr 1715. Maximilian Norbert Krakowſky von Kollowrat Herr auf Teinizl, Janowitz, Deſchenitz und Bieſchin b). Auf das Jahr 1760. Johann Joſeph Krakowſky von Kollowrat c), von dem ſelbe der jetzige Beſitzer Emanuel Reichsgraf Krakowſky von Kollowrat erblich übernommen hatte. Der gemeine Landmann, bey dem hier noch allemal die böhmiſche Sprache den Vorzug hat, ſuchet ſeine Nahrung in einem mittelmäßigen Ackerbaue. Her gehören:

1) Teinizl, maly Teynicze, Teyniczek, Tyna ſub caſtro Klenow ſammt 2) Loretta, und 3) St. Johann von Nepomuk von 42 N. mit einem ſchönen

a) Hammerſchm. Pr. Gl. Pr.
b) Hammerſchm. l. c.
c) Erbig Notitia illuſtris regni Boemiæ

Klattauer Kreis.

nen Schloße, und einer Pfarrkirche unter dem Tit. Marienhimmelfahrt, die zwar schon auf das Jahr 1362. als Pfarrkirche vorkömmt, d), nach der Zeit aber ist selbe ihres geistlichen Vorstehers beraubt, und dann erst 1705. neuerdings in die Zahl der Pfarrkirchen versetzt worden; liegt 15 ½ Meile von Prag, und ½ Meile von Klattau südwärts entfernt. Eine halbe Stunde von dannen liegt das verfallene Schloß Baußowa Lhota oder Schwarzkuh.

4) Ober Lhota von 9 N. 5) Rosparalka von 3 N. 6) Watzau, Waczow sammt der 7) Ziegelhütte von 12 N. 8) Unter Lhota, so auf der Karte unter dem Namen Lhotka angemerkt ist, von 19 N. 9) Lomecz von 11 N. 10) Sobieticz von 21 N. Stammort des ritterlichen Geschlechts von Sobieticz, die im dreyzehnten und vierzehnten Jahrhunderte gelebt, und 1406. einen deutschen Prediger zu Klattau gestiftet haben e).

11) Mochtin von 29 N. 12) Lhuta von 11 N. 13) Neuhof von 3 N. 14) Orbicz von 16 N. 15) Tieschetin von 16 N. 16) Zahrádka von 8 N. 17) Staňowicze von 11 N. 18) Zwalschowitz von 13 N. 19) Przeworicz, Przedworzicze von 4 N. Gehörte ehedem dem Frauenklöster bey St. Georg in Prag, wurde aber sammt dem nach Horazdiowicz gehörigen Dorfe Paczkow 1305. mit St.

d) LL. Erect. Vol. 1. U. 3.
e) LL Erect. Vol. 7. F. 10.
Zwölfter Theil.   E

Genehmhaltung des K. Wenzl III. an den Hrn. Golz da für Lužecz abgetreten f).

20) Jarkowicz ein Meyerhof und Gasthaus. 21) Brod von 12 N. 22) Chliſtau, Chliſtow, Bliſtow von 29 N., davon faſt die Hälfte ſammt dem Schlößchen dem Wenzel Ferdinand Networſky Ritter von Brzezy, das Wirthshaus aber nach Malonitz gehöret. Die hieſige Kirche unter dem Namen der Kreuzerhöhung war 1384. und 1415. mit eigenem Pfarrer verſehen g).

23) Strzczmierz von 19 N. 24) Trſchek, Trzek ſammt 25) St. Bartholomäi von 11 N. 26) Jaworzy von 8 N. 27) Auloch, Vloch, Aulozri von 14 N. mit einer Kirche unter dem Tit. der heil. Peter und Paul, die 1384. mit eigenem Pfarrer beſetzt war.

28) Reiſtow, Regſto von 9 N. 29) Jenewelt, Onen Swiet von 15 N. 30) Bieſchin, Bieſſiny zählet ſammt dem 31) Hubenauhofe. 32) Neuwirtshauſe, und der 33) Brett- und 34) Schalenermühle 60 N., kam von der Gräfinn Maximiliana Franziska Wratiſlaw von Mitrowicz, gebohrn. Gräfinn Goz von Dobrſch um 42500 fl. an den Grafen Albert Wilhelm Krakowſky von Kolſowrat, und iſt mit einer öffentlichen Kapelle zu Mariensheimſuchung, einem alten Schloſſe, und einer Pfarrkirche verſehen, die unter dem Namen des heil. Ap. Bartholo-

---

f) Hammerſchm. Hiſt. Monaſt. S. Georg.
g) LL. Ereɑ, Vol. 10, E. Z.

Klattauer Kreis.

lomáus eingeweihet, und eine halbe Stunde von dem Pfarrhof auf einem Berge zwischen Wäldern situiret ist. Diese Kirche ist allem Ansehen nach von dem ehemaligen Besitzer Heinrich von Bleschin wieder neu hergestellet worden, laut folgender Auffschrift, die auf der größern Kirchenglocke hier zu lesen ist: Tento Zwon pó shorženj tohoto Kostela nakladem Gindržicha Blessina Pana na Biessinech Leta 1579. gest lity od Martina Gindrowicz Miesstienjna Blatowsteho. An dem Schlosse ist das Geschlechtswappen der Grafen von Wratislaw und Dobrsch mit dieser Unterschrift angebracht: Wacz. Hinek Wratislaw z Mitro: — — Max. Wratisl. Rozena Hrab. z Dobrsch. Seltsam ist es, daß Bieschin und Czachrau, die kaum eine halbe Stunde von einander entfernt liegen, einer so sehr unterschiedenen Witterung unterworfen sind, indem man bey Bleschin viel eher erndtet, da inzwischen bey Czachrau noch allemal eine kalte Luft wehet h).

35) Buzy von 22 N. ehemaliger Rittersitz der Hrn. Dlauhowesky von Tropicz. 36) Ratinau, Ratinow sammt Tunklischen Hofe von 22 N. 37) Brzischtin von 14 N. mit einer St. Matthäi Ap. Kirche, die 1384. und 1415. mit eigenem Pfarrer besetzt war i).

38) Nesnassow sammt 39) Schwarzkühhof, dann 40) Wirthshause Zawadilka, 41) dem Fin-

h) Chanowsky Boemia pia p. 237. Balbin. Misc. L. 1. c. 9.
i) LL. Erect. Vol. 10. E. 2.

gerischen Hofe, und der 42) Eichen = und 43) Rothen Mühle von 21 N., bey dem Nesnaschower Meyerhofe sind noch wenige Trümmer eines verfallenen Schlosses wahrzunehmen. 44) Malowesska von 26 N. und 45) Wrhowecz von 24 N. werden sämmtlich Langendorf genannt.

46) Stoborzicze, Storoboraž von 26 N. mit einer Pfarrkirche unter dem Namen des heil. Egidius Ab., die schon 1384. mit eigenem Seelsorger besetzt war. Dieses Dorf gehörte im vorigen Jahrhunderte dem Hrn. Heinrich Goz von Dobrsch. Nicht ferne von dannen ist eine neu angelegte öffentliche St. Adalbertskapelle mit einer guten Wasserquelle, die unter dem Altar hervorspringt. Man träumet hier abermal von gewissen Zeichen, welche dieser fromme Mann in einem harten Stein hier ausgedruckt haben soll, als er von Grünberg nach Stoborsch kam, und bey dem gleicherwähnten Brunnen geruhet hatte.

47) Cžihan von 27 N. 48) Neue Mühle von 3 N.

Gut Neu = Cžestjn.

Gehörte ehedem dem Hrn. Johann Augustin von Altvatter, nachdem es aber 1782. in die Krida verfallen, brachte selbes 1783. den 3. Februar der jetzige Besitzer Hr. Anton Pergler von Perglas um 16500. fl. käuflich an sich. Her gehören:

1)

Klattauer Kreis.

1) Neu Czeſtjn von 6 N. mit einer öffentlichen Kapelle unter dem Namen der heil. Dreyeinigkeit, liegt 14 ½ Meile von Prag, und 1 Meile von Klattau oſtſüdoſtwärts entfernt. 2) Baczaurow, Koczurow von 20 N. 3) Büſtry von 16 N.

Gut Augezdl.

Gehörte vor der Schlacht am weißen Berge dem Hrn. Jobſt Adam von Schirnding, wurde aber bald darauf an den königl. Fiskus gezogen, und 1623. den 2. Jänner an den Hrn. Saurin Tahlo von Horſtein um 9437. Sch. und 20 Gr. meißnſäuflich abgetreten a). Gegen die Mitte des gegenwärtigen Jahrhunderts gehörte selbes dem Hrn. Auderzky von Audrcz b). Der jetzige Beſitzer hiervon iſt Wenzel Enis von Atter et Iveag. Dieſes Gut beſtehet aus dieſem einzigen Dorfe, welches sonſt auch Augezd, und auf der Karte Augezdecz genannt wird, zählet 14 N., iſt mit einem Schlößchen, welches im Jahre 1788. von Grund auf neu gebauet worden, und einer Hauskapelle unter dem Namen der heil. Anna versehen, und liegt 15 gemeine Meilen von Prag, und ½ Meile von Klattau südoſtwärts entfernt.

Gut

a) MS.
b) Erber Notitia illuſtr. regni Boem.

Gut Hradischt.

Hradisstie, Hradischtl mit einem Schlößchen von 10 N, gehöret der Freyinn Ludovika von Elvenich, liegt von der Kreisstadt Klattau ⅜ Meil. entfernt an der Haupt- und Salzstrasse nacher Schüttenhofen.

Gut Borzikau.

Zählet sammt dem Schlößchen 9 N., und liegt mitten zwischen Hradischt und Bernardiz ¼ Meilen von Klattau südostwärts entfernt. Gehörte 1646. der edlen Frau Elisabeth Katharina Pernkloh von Schönreut a), dann 1685. dem Hrn. Franz Pern=kloh von Schönreut b). Heut zu Tage hält selbes im Besitze der Ritter Wenzel Enis von Atter u. Iveag.

Gut Bernardicz.

Gehörte vor wenigen Jahren dem Hrn. Johann Pergler von Perglas, jetzt aber hält selbes der Rit=ter Anton Joseph von Bieschin im Besitze; zählet sammt dem Schlößchen 6 N., und liegt eine viertel Stunde von Bernardicz entfernt.

Gut Gindrzichowicz.

Gehörte ehedem dem Ritter Karl Janowsky von Janowicz, ist aber vor wenigen Jahren in die Kri=

---

a) Balbin Hist. S. Montis. Germanic L. 2. c. 11.
b) Hammerschm. Hist. Clattoviens. p. 282.

Kriba verfallen, und 1783. den 21. Februar an die Frau Janowsky käuflich abgetreten worden. Der gehören:

1) Gindrzichowicze mit einem Schlößchen von 27 N., liegt 15 ⅛ Meile von Prag, und ¼ Stunde von Bernardicz südwärts entfernt.

2) Sluhow, Sluhowa von 11 N. 3) Swina von 56 N. 4) Tajanow ein Meyerhof.

Gut Podol.

Der k. k. Steuerregulirungskommission zufolge ist dieses Gut sammt Auschin und Zolinecz zum Klattauer Kreise gezogen worden, der k. k. Landtafel gemäß aber, der wir auch hierinfalls nachgefolget haben, wird Podol dem Klattauer, Auschin und Zolinecz entgegen dem Prachiner Kreise beygerechnet. Die Besitzerinnen hiervon sind die Frauen Schwestern Maria Marquesinn Bonifacio Bangano, und Maria Marazzani Visconti gebohrne Gräfinnen Terzi von Sissa. Der gehören:

1) Podol, Podoly mit einem Schlößchen von 10 N., liegt 15 ⅛ Meile von Prag, und eine halbe Stunde von Gindrzichowicz westwärts entfernt.

2) Horzakow von 10 N. 3) Strziterz von 9 N.

Gut Malonicz.

Gehöret dem Hrn. Johann Wenzl Maly zu, zählet sammt dem Schlößchen 27 N., nebst 1 N. in Tajanow und 3 N. in Chlistau, und liegt von Podol

dol und Gindržichowicz beyderseits eine halbe Stunde südwärts entfernt. Auf allen diesen bis jetzt angeführten Güttern, und dem hiernach folgenden Gut Klenau prädominiret die böhmische Sprache, und dem gemeinen Landmanne fließt die Nahrung von einem mittelmäßigen Feldbaue zu.

Gut Klenau.

Gehörte 1466. dem Hrn. Leonard von Guttenstein und Klenau a) Der jetzige Besitzer hiervon ist Robert Smith Freyherr von Balroe. Hier gehören.

1) Klenau, Klenow, Klenowy von 28 N. mit einem nächst daran stossenden verfallenen Bergschlosse gleiches Namens, ehemaligen Stammhause der Hrn. von Klenau. Man trift daselbst noch heut zu Tage einen sehr tiefen, und im puren Felsen gehauenen Brunnen. Die wenigen Mauertrümmer zeigen noch ganz deutlich an, wie sehr dieses Schloß ehedem befestiget war. Pržibik von Klenowa soll auf diesem Schlosse zwey Dominikanermönche Hungers haben sterben lassen b). 2) Jawor v. 16 N. 3) Laucžan, Laucžany v. 4 N. 4) Harant eine Mühle.

Herr

---

a) Contin. Pulkawae.
b) Balbin. Misc. L. 3. c. 8. §. 2.

Herrschaft Bistrzitz sammt den einverleibten Gütern Deschnitz und Opalka.

Gehörte zu Ende des vorigen Jahrhunderts dem Ritter Johann Gotz v. Dobrsch, Herrn auf Bystrzitz und dem Schlosse Bayerek, der 1571. dem prager Landtage beygewohnet hatte. Nach der Zeit gelangte selbe an die Reichsgrafen v. Palm, von denen selbe der jetzige Besitzer Karl Joseph Reichsfürst v. Palm erblich übernommen hatte. Der gemeine Landmann befördert hier seine Nahrung durch die Viehzucht, und einen mittelmäßigen Feldbau. In dem Neuerer und Deschenitzer Kirchsprengel prädominiret die deutsche, in dem Drosauer und Janowitzer aber die böhmische Sprache, obgleich viele Einwohner dieser Gegenden auch der deutschen Sprache kündig sind. Diesem zufolge wollen wir die gegenwärtige Herrschaft nach diesen vier Kirchsprengeln beschreiben. Her gehören:

1) Ober-Neuern, Hornj Neyrsto, Gränz-Stadtel mit einer Pfarrkirche unter dem Tit. des heil. Thomas Ap., und 2) Unter-Neuern, Dolnj Neyrsto, Stadtel am Sand mit einer öffentlichen Kapelle zu XIV. Nothhelfern, sind zwey Flecken, liegen ganz nahe beysammen an dem Angelbache 17 gem. Meilen von Prag, und 2 Meil. von Klattau westsüdwärts entfernt, und zählen sämmtlich 115 N.

2) Bayerek, Peryk, ein Meyerhof und eine Schäferen mit einem verfallenen Bergschlosse gleiches Namens, zählet sammt 3) Freyhels 17 N. 4) Bystritz, Bistrzitz, Bystrzicze nad Ohlawau 43 N. sammt dem Herrschafts-

schaftlichen Schlosse, so mit einer St. Barbarakapelle versehen ist. An dem nächsten Hügel von dannen liegt eine öffentliche Kapelle unter dem Namen der heil. Dreyeinigkeit.

5) Dürrstein, Törstein mit einem Jägerhause v. 4 N. 6) Neuhäuser oder Hinterhäuser v. 12 N.

7) Glashütten v. 28 N. mit einem guten Kalkbruche, der aber doch keineswegs jenem bey Stiegelhof in dem St. Katharina Gericht gleichkömmt. Vor Zeiten wurde hier auch Eisenerzt gegraben.

8) Bolheim v. 25 N. mit 2 Kapellen, deren eine dem heil. Anton v. Pad., die zweite dem heil. Leonard Abt. gewidmet ist; liegt an dem so genannten Bache Kottenangel.

9) Starlitz oder Stary Bedlo v. 17 N. 10) Holeticz v. 32 N., ehedem ein Edelsitz, jetzt ein Dorf mit einem Meyerhofe. 11) Haslau v. 12 N. 12) Millk v. 20 N.

13) Janowicz, Janowicze nad Ohlawau, ein Flecken mit einer Pfarrkirche unter dem Namen des heil. Johann Tauf., die schon auf das J. 1384. u. 1404. als Pfarrkirche vorkömmt a), und einem verfallenen Schlosse, ehemaligen Stammhause der Hrn. v. Janowicz, die es zu Anfang des funfzehnten Jahrhunderts im Besitze hielten b). Heut zu Tage wird dieses Schloß insgemein Trwrz genannt. Im J. 1520., da Peter Suda dieses Schloß inne hatte,
und

---

a) Ll.. Erect. Vol 6. O. 9.
b) l.l. Erect. l. c. & Balbin. Misc. L. 3. c. 4.

und hieraus öftere Ausfälle auf die Benachbarten machte, versammelten sich die Taußer, Mießer und Pilsner, die noch darzu einige Hilfstruppen von 520 Reitern, und 800. Fußgänger aus Prag erhalten haben, und rückten gegen Janowitz vor. Während solcher Belagerung ließ sich Peter Suda bey der Nacht mittelst eines Sailes aus dem Schlosse herab, und flüchtete sich in größter Eile davon. Die Besatzung ergab sich hierauf auf Gnade und Ungnade, und das Schloß wurde zerstöret c). Janowicz liegt 16 Meil. von Prag, und 1 M. von Klattau westsüdwärts entfernt, und zählet sammt dem 14) Gasthause Branatka 110 N.

15) Eichen, Klein-Lhota, Lhota Dubowa sammt 16) Auborska, so auf der Karte unter dem Namen Oberzka angemerkt ist, sammt einem Meyerhofe v. 20 N. 17) Ondrzegowicz v. 11 N. 18) Hwizdalka, Hwizdialka mit einer Schäferey, und einem Jägerhause v. 4. N.

19) Petrowicze sammt 20) dem Meyerhofe Wosina v. 21 N. 21) Wesely mit einem Schlößchen, Meyerhofe, einer Schäferey und Papiermühle v. 10 N.

22) Kobozna v. 13 N. 23) Drosau, Droschau, Strazow, — ein neuer Beweis, wie sehr die Deutschen die ächten Benennungen der böhmischen Oerter verunstaltet haben, soll den Namen von dem böhmischen Worte Straz (Wache oder Hut) haben; weil der berühmte Ritter Ostraneczky gegen das J. 1441. mit einer ziemlichen Anzahl einer gut bewaffne-

---

c) Martin. Cuthenus.

neten böhmischen Mannschaft in dieser Gegend wider die öfteren Einfälle der deutschen Nazion Wache hielt, und hierdurch die Anlegung dieses Fleckens, welches nebst 16 Judenwohnstätten, 121 Christenhäuser jählet, veranlasset hatte. Dieser Flecken liegt zwischen den Bergen Wineg, Chwogom, Smrkow und Wazpeniczka an dem Bache Auczdicla, der an Forellen reich ist, und oft viele Ueberschwemmungen verursachet, ist 16 gem. Meil. von Prag, und 1 Meile von Klattau südwärts entfernt, und führet im Wappen zwey Thürme mit einem offenen Thore im blauen Felde. Der eine Thurm ist mit dem Buchstaben W., der zweyte aber mit A bezeichnet. Zwischen diesen Thürmen wird ein Fuchs, der einen Nußbäcker im Maule hält, und darüber ein geharnischter Mann mit einem Bogen vorgestellet, mit folgender Unterschrift. LVDoVICVs reX hVngarIae & CzeChIae terrae hoC non eXIgVo XenIo ſtraz'oVV DonaVIt. Der König Ludwig raumte auch den hiesigen Bürgern das Recht ein, diesen Ort mit Mauern umzugeben, eine Salzniederlage zu errichten, Zoll und Mauth abzufodern, jährlich zwey Messen, und wöchentlich am Donnerstag einen Vieh- Garn - und Leiwandmarkt halten zu können d). Die hiesige Pfarrkirche unter dem Tit. des heil. Georg. M. kömmt schon auf das J. 1384. und 1405. als Pfarrkirche vor e).

24)

d) Archiv. Oppidi.
e) LL. Erect. Vol. 7. C. 2.

24) Opalka, ein an einem für jetzt leeren Thiergarten situirtes Schloß und Meyerhof v. 8 N. Das Schloß ist mit einer St. Annakapelle versehen. Dieses Allodialgut gehörte 1631. dem Kammerpräsidenten Georg Graf. v. Martinicz f), und ist 1760. vom Karl Joseph Graf. v. Palm des jetzt lebenden Besitzers Vater käuflich übernommen, und der Herrschaft Bistrzih einverleibt worden.

25) Hammer v. 8 N. 26) Kuwna v. 15 N. 27) Lehom v. 6 N. 28) Kniczicze v. 7. N. 29) Blein-Lukawicz v. 11 N. 30) Jaworzy, Jaworžicžko v. 5. N. 31) Brtj, Prty v. 17 N. 32) Borzeticz v. 8 N. 33) Witna, Witten sammt 34) dem Meyerhofe Spls oder Splsch v. 14 N. 35) Hinkowitz v. 7 N. 36) Christlhof mit einem verfallenen Schlosse ehemaligen Wohnsitze des Münkischen Geschlechts.

37) Dorstatt v. 18 N. 38) Diwischowicz, Diwissowicze sammt 39) dem Meyerhofe Krotiw oder Krotiwa, der vor Zeiten Bohumielicz genannt wurde, und der 40) so genannten Mühle Blaba v. 29 N. 41) Zahorzicze v. 20 N. 42) Deschenitz, Dessenicze mit einer etwas entlegenen St. Wenzels-Kapelle, einem alten Schlosse, und einer Pfarrkirche unter dem Tit. des heil. Nikolaus B. die schon auf das J. 1384. und 1488. mit eigenem Pfarrer besetzt war g), zählet sammt 43) Stuchen, 44) Pfefermühe

f) Hist. S. I. P. 3. L. 6.
g) LL. Erect. Vol. 8. C. 1.

mühle und 45) St. Johann 74 N. 46) Zizneticz, Zizneticze v. 17 N. 47) Fleischhof sammt 48) Olchowitz v. 24 N. 49) Depoltowicz v. 26 N. mit einer St. Jsidori-Kapelle. 50) Kreuzberg v. 6 N. 51) Todlau, Dotelau v. 14 N. 52) Motrowicz v. 15 N. 53) Grün mit einer St. Wolfgangs-Kapelle, und die zwey Höfe 54) Ober-Spaten, und 55) Unter-Spaten, sämmtlich v. 60 N. Folgende Dörfer gehören in verschiedene Kirchsprengel, sind aber böhmisch. 56) Mladoticze v. 6, N. 57) Niemczicz v. 11 N. 58) Slawikowicze v. 26 N. gehörte 1688. der edlen Fr. Elisabeth Widersperger, gebohrn. Eezowska v. Lub h); ist mit einer öffentlichen St. Josephs-Kapelle versehen.

59) Klein-Bukowa v. 9 N. 60) Bärndörfl, Nedwied v. 6 N. 61) Krzepicz v. 6 N. davon auch ein Theil dem Hrn. Johann Hora v. Oczelowicz zugehöret. Folgende Oerter liegen bey Neugedeyn: 62) Prambusch v. 41 N. 63) Branschowa, Branschau, Branzow v. 7. N. 64) Dobrzikau, Dobrzikow v. 16 N.

Gut Lipkau oder Wihorjau.

Gehöret dem Ritter Ludwig Johann Hubatius v. Kottenau. Her sind einverleibt:

1) Lipkau, Lipkowa v. 20 N., davon etwas nach Glosau gehöret; liegt 1 Meile von Klattau westsüd-

---

h) Hammerschm. Hist. Clattov.

südwärts entfernt. 2) Lautſchim, Lauczim, Luczim ſammt dem Fiskalhofe v. 34. N., davon 3 nach Biſtrzitz gehören, iſt mit einer Pfarrkirche unter dem Namen Mariengeburt verſehen, die ſchon 1384. und 1410. mit eigenem Seelſorger beſetzt war a). Als man im J. 1769. eine Erneuerung dieſer Kirche unternommen hatte, wurde daſelbſt ein von Zinn gegoſſener Kelch, und ein ſchwarzes ſchon ganz vermoderſtes Meßgewand, nebſt 2 uralten Rechnungsbüchern, welche in der Sakriſtey vermauert lagen, von ungefähr entdeckt. Der jetzt lebende Herr Pfarrer Ferdinand Gerl hatte das Glück mittelſt dieſer Rechnungsbücher ein Kapital von 4647. fl. zu eruiren, und ſeiner Kirche wieder zu vindiziren, welches ſchon viele Jahre hindurch ſammt den Intereſſen bey dem erzbiſchöflichen Konſiſtorio aufbewahret lag, ohne zu wiſſen, wer der Eigenthümer dieſes Geldes wäre b).

3) Modlin v. 7 N. mit einem Meyerhofe. 4) Smrzowicz mit einem Schlößchen v. 19. N., davon ein Theil nach Bauth gehöret. 5) Wihorzau, Bicharzow, Biecharzow mit einem Schlößchen, und einer St. Prokopi = Kirche, die 1384. mit eigenem Pfarrer beſetzt war.

Gut Miletitz.

Zu Anfang des vorigen Jahrhunderts gehörte ſelbes dem Hrn. Bohuslaus Gotz, wurde aber nach der

Schlacht

a) LL. Erect. Vol. 8. M. 5.
b) Memorabilia Parochiae.

Schlacht am weißen Berge an den königl. Fiskus gezogen a). Der jetzige Besitzer hiervon ist Johann W. nzel Smiedgräbner Ritter v. Lustenegg. Her gehören:

1) Mileticze v. 34 N. mit einem Schlößchen, und einer St. Johann v. Nep: Kapelle, die von dem Ritter Joseph Smiedgräbner v. Lustenegg ehemaligen Kreishauptmanne des Pilsner Kreises 1760. errichtet worden ist. Nächst an dieses Dorf stößt eine Margareten - Kirche; liegt zwischen Gloßau und Wiborzau 1 Meile von Klattau westsüdwestwärts entfernt.

2) Sauštowa v. 22 N. 3) Wraž, ein Wirthshaus sammt 3 Chaluppen.

Gut Gloßau.

Gehörte vor wenigen Jahren dem Hrn. Peter Nigroni v. Risinbach, der jetzige Besitzer Hr. Franz Pauer hat selbes 1781 käuflich an sich gebracht. Her sind einverleibt:

1) Gloßau, so auf der Karte unter dem Namen Klasau vorkömmt, Dlažsiow v. 20 N. mit einer durch den Hrn. Karl Nigroni erweiterten St. Antoni-Kirche, die 1787. mit einem Lokalkapellan unter dem Patronatsrecht des Religionsfonds versehen wurde; liegt 1 Meil von Klattau, und ¼ Stunde von Militz nordwärts entfernt. In diesem Dorfe ist vor vier Jahren durch die Neugedeiner Wollenzeugfa-

a) MS.

fabrik eine Filialfabrik nebst einer Spinnschule angelegt worden, darinn 4 Meister mit 43 Werkstühlen ohne Unterlaß beschäftiget sind. Es verdienet hier angemerkt zu werden, daß die Entstehung der k. k. privilegirten Neugedeiner Wollenzeugfabrik, die nach der Zeit zur Anlegung der übrigen dahin einverleibten Filialfabriken die Veranlassung gab, bloß dem patriotischen Eifer und einem rastlosen Fleiße des gräfl. Stadionischen Raths und Inspektors Herrn Bernard Dalquen, dann des Fabrikeninspektors Herrn Johann Gottlob Wittenbecher beyzulegen sey, die mit Beyhülfe einiger gut gewählten Individuen, worunter der Fabrikendirektor Herr Schmitt in Wien, und der zu Neugedein angestellte Schönfärber Herr Lautensack den vorzüglichsten Platz verdienen, solche Fabrik glücklich angelegt haben, und selbe noch heut zu Tage eben so geschickt als blühend fortführen, und hierdurch einen großen Theil des Landvolks in dem hiesigen Kreise durch die Cirkulirung gegen die 200000 fl. Fabrikengelder in den Stand setzen, die gewöhnlichen Kontribuzionen und andere Geldsteuer desto leichter zu entrichten.

2) Plessina v. 7 N. ehedem ein Meyerhof. 3) Spula v. 27 N. 4) Draha v. 3. N. Folgende zwey Dörfer liegen etwas entfernt hinter Taus an den äußersten bayerischen Gränzen: 5) Haselberg v. 19 N. 7) Seg v. 19 N.

Zwölfter Theil.   D   Gut

Gut Bezdiekau.

Die jetzigen Besitzer hiervon sind die Hrn. Brüder Kaspar Hermann, Philipp Wenzel, und Hermann Peter Grafen v. Künigl, Freyherrn zu Ehrenberg, die selbes 1784. nach dem Hintritte ihres Vaters Sebastian Fr. Joseph Graf. v. Künigl, ehemaligen Kreishauptmannes des Klattauer Kreises erblich übernommen haben. Her gehören:

1) Bezdiekau, Bezdiekow mit einem schönen Schlosse, einem Mayerhofe, und einer öffentlichen St. Anna-Kapelle, zählet 31 N., und liegt 15¼ Meile von Prag, und ½ M. von Klattau westsüdwärts entfernt.

2) Poborowitz ein Mayerhof. 3) Wolenow, Wolenowicz, Wolenau, ein Mayerhof und eine Papiermühle.

4) Struhadl, Struhadlo v. 14 N. 5) Korit von 23 N 6) Tupadl v. 16 N., gehörte vor der Schlacht am weißen Berge dem Hrn. Wilhelm Bezdiekowsky. 7) Gall, Kall ein Mayerhof.

Gut Drslawicz.

Zu Anfang des vorigen Jahrhunderts hielt selbes im Besitze Joachim v. Kollowrat, nach der Schlacht am weißen Berge aber wurde selbes an den königl. Fiskus gezogen, und 1623. dem Fürsten v. Eggen=

Eggenberg um 66578 Sch. 11 Gr. 3 d. käuflich abgetreten a). Zu unsern Zeiten gelangte selbes an die nach Anna Maximiliana Reichsgräfinn Horrich gebohr. v. Breitenbach hinterbliebenen Pupillen, dann an die Feederischen Kreditores. Her gehöret:
1) Drslawicze v. 22 N. 2) Wietzkowitz v. 5 N., davon etwas nach Chudenitz gehöret:

Gut Tietietiß.

Gehöret dem Ritter Neßlinger von und zu Schelchengraben. Besteht aus diesem einzigen Dorfe, welches 11 N. zählet, und mit einem Schlößchen, und einer St. Isidori-Kapelle versehen ist.

Kammeradministrazionsgut Dolan und Czwrczowes.

Gehörte ehedem dem Jesuiter-Kollegio in Klattau, nach der Auflösung dieses Ordens aber 1773 wurde selbes an die königl. Kammer gezogen, und die Einkünfte hiervon zur Pensionirung dieser aufgehobenen Ordensmitglieder angewiesen. Hier und auf den sämmtlichen von S. 46 bisher angeführten Gütern herrschet die böhmische Sprache, und der Feldbau ist die einzige Nahrung des gemeinen Landmannes. Her gehören:
1) Dolan, Dolena mit einem Schlößchen, und einer Pfarrkirche unter dem Tit. der heil. Ap. Peter

a) MS.

und Paul, die schon 1304. 1412, und 1407. mit eigenem Seelsorger versehen war a); liegt an dem Angelbach 15 Meilen von Prag, und ¼ M. von Klattau nordnordwestwärts entfernt, und zählet sammt 2) Sekrit und 3) Komoschin 69 N. In dem letzt genannten Orte sind wenige Merkmale des verfallenen Schlosses 4) Bokssyn oder Korossyn zu sehen b) an dessen Stelle der ehemalige Jesuitenrektor aus Klattau Karl Pfeferkorn 1703. eine Magdalenen-Kapelle errichten ließ. In der Dolaner Pfarrkirche wurde 1583. den 13. Jul. der edle Daniel v. Liblaw im 34 Jahre seines ledig zugebrachten Lebens beygeleget, der sich mittelst seiner Gelehrsamkeit einen großen Ruhm erworben hatte c).

2) Balkow, Palkow, ein nach dem rabischen Sistem zerstückter Meyerhof v. 9 N.

3) Czwrcžowecz, Czwrcžkowes, Grillendorf v. 46 N. 4) Angeliz v. 9 N. 5) Prostiborž v. 52 N.

Herrschaft Chudeniß.

Gehörte schon gegen die Mitte des sechszehnten Jahrhunderts den Rittern Czernin v. Chudeniß, aus deren Geschlechte Humprecht Czernin, Sr. k. k. Majestät geheimer Rath, und Hauptmann des königl. Schlof-

---

a) LL. Erect. Vol. 8. P. 3. Vol. 13. P. 10.
b) Hammerschm. Hist. Clatoviensi.
c) Lupac.

Klattauer Kreis.

Schloſſes in Prag im J. 1571. und 1576. dem prager Landtage beygewohnet hatte, und nach der Zeit Hermann Czernin vom K. Ferdinand II. in die Zahl der Reichsgrafen verſetzt wurde a). Der jetzige Beſitzer Johann Rudolph Reichsgraf v. Chudenitz hat ſelbe von ſeinen Vorfahren erblich übernommen. Der hieſige Landmann ſpricht böhmiſch, und ſuchet ſeine Nahrung in einem theils guten, theils mittelmäßigen, zum theil aber auch, beſonders bey Auborſch, ſehr mißlichen Ackerbaue. Her gehören:

1) Chudenitz, Chudenicze, ein Flecken v. 63 N. mit einem uralten Schloſſe, ehemaligen Stammhauſe des ritterlichen Geſchlechts Czernin v. Chudenicz, und einer Pfarrkirche unter dem Tit. des heil. Johann Tauf., die ſchon auf das J. 1384. als Pfarrkirche vorkömmt, und jetzt mit einer Familiengruft der Grafen Czernin verſehen iſt. In dem hieſigen Schloſſe trift man ein ſo genanntes Engelzimmer an, welches von daher dieſe Benennung führet, weil daſelbſt dem frommen Ritter Humprecht Czernin drey Tage vor ſeinem Hintritte ein Engel erſchienen, und ihm das herannahende Ende ſeines Lebens angekündiget haben ſoll. — Nun, wie reimet ſich wohl abermal dieſes mit den Worten Jeſu Chriſti: wachet, denn ihr wiſſet weder den Tag, noch die Stunde; — daß man doch allemal bey der Erdichtung ſolcher ungewöhnlichen Begebenheiten die Lehre Chriſti außer Acht

a) Abbild. böhm. und mähr. Gelehrten 3 Thl. 87. S.

Acht setzt, und eben dieser Ursache wegen wird man wohl auch diese Erzählung ohne vieles Bedenken billig unter solche Mährchen verwerfen, dahin wir schon längst den schwitzenden Grabstein der Kollowraten, die weiße Rose der Rosenbergen, und den knarrenden Kasten der Chanowsky, Claubowesky und Czastolaren verwiesen haben. Außer dem Ort trift man eine vor ungefähr dreyzehn Jahren erbaute St. Anna-Kapelle, und dann eine öffentliche Kapelle auf einem Berge unter dem Namen des heil. Wolfgang, welche Joseph Franz Graf Czernin 1717. um ein merkliches erweitern, und prächtig herstellen ließ. Nicht ferne von dieser Kapelle trift man eine Gesundquelle, und gewisse in einem harten Felsen ausgedrückte Zeichen an, die man hier für die Fußtapfen des gleicherwähnten heil. Wolfgang, ehemaligen Bischofs in Regensburg, ausgeben will. Allein, wie werden wohl jene, die solches behaupten, mit ihrer Erzählung zu recht kommen, nachdem Mabillonius, und andere mehr, die das Leben dieses Bischofs genau beschrieben haben, nirgends eine Erwähnung machen, daß er jemal Böhmen mit einem Fuße betreten hatte b). Chudenicz liegt 15 Meilen von Prag, 1 Meile von Klattau, und $\frac{3}{4}$ M. von Taus ostnordostwärts entfernt.

2) Crnetsch, Crncz v. 24 N. davon etwas nach Ptenin gehöret.

3) Mezhorz v. 14 N. 4) Schwihau Oswihow, ein Flecken von 135 N., liegt $14\frac{1}{2}$ Meile von

Prag,

b) Gelaſ. Dobner Hiſt. T. 4. p. 193.

Prag, und 1 M. von Klattau nordwärts an dem Angelbache, dem die 1764. im Lande ausgeschickten Ingenieur den ehemaligen Namen Bradlanka wieder beygelegt haben, und ist mit einer Pfarrkirche zu St. Wenzel versehen, die schon 1384. und 1399. mit eigenem Pfarrer besetzt war c). 4) Nächst daran liegt ein verfallenes Schloß gleiches Namens, welches im J. 1399. Brzemko v. Skala d), 1425. Wilhelm v. Skala im Besitze gehalten, und in eben diesem Jahre Bohuslaw v. Schwamberg, und Johann Bzdina innerhalb funfzehn Tagen erobert und in Brand gesteckt e), Puta Sfwihowsky aber, dessen Geschlecht dieses Schloß bis über die Mitte des sechzehnten Jahrhunderts besaß f) dergestalten wieder befestiget hatte, d aß ihm keines in ganz Böhmen zu vergleichen war. Die Ringmauer war dermassen hoch, daß man nur die Zinnen der Thürme zu sehen bekam, und also breit, daß zwey Wägen neben einander darauf fahren konnten. Nach der Zeit gelangte dieses Schloß an die Hrn. v. Rosenberg, und da die hiesigen Bürger während des dreyßigjährigen Krieges den Mannsfeldischen Truppen dieses Schloß eingeraumt hatten, befahl K. Ferdinand III. dasselbe zu Boden zu reißen, damit es den schwedischen Truppen zu keinem Hinterhalte dienen könnte. Noch zu Balbins

---

c) LL. Erect. Vol. 5. F. 3.
d) Ibidem.
e) Bartossius & Cont. Pulkawae ad A. 1424.
f) S. Prachiner Kreis Raby p. 155.

bins Zeiten war in diesem Schlosse eine Kapelle zu sehen, darinn die Geschlechtswappen der Hrn. Schihowsky und Rosenberg abgeschildert waren. Nahe dieses Schlosses war vor Zeiten eine Armaturfabrik, wo man die berühmten, und so genannten Sswihowky (kleine Feldstücke) fabriziret hatte g). 5) Ełhowicz v. 24 N. davon 3 nach Rothporitschen gehören. 6) Kamenik v. 15 N. nächst daran liegt 7) das Schlößchen Smržowicz. 8) Wlczenicz v. 18 N. 9) Mlechau v. 24 N. 10) Weirow, Weyrow ehedem ein Gut für sich, so dem Ritter Miesyczek zugehört hatte, zählt 9 N. 11) Dechtin v. 13 N. 12) Stiepanowitz, Stiepanowicze v. 20 N. gehörte 1367. dem Hrn. Ottiko v. Stiepanowicz h), dann zu Anfang des vorigen Jahrhunderts dem Hrn. Adaukt Geniczek v. Ugezd, von dem selbes das Jesuiterkollegium in Klattau 1638. um vierzig tausend Gulden käuflich übernommen hatte i). Die hiesige Kommendatkirche unter dem Namen des Erzengelmichael, war 1384. mit eigenem Pfarrer versehen.

13) Chumsta v. 11 N. 14) Bieleschau, Bielegssow v. 4 N. mit einem Meyerhofe. 15) Slatina, Slatin v. 13 N. 16) Pržedin bey Luczicz. 17) Lutschitz, Luczicz v. 10 N. 18) Klein-Polenka v. 13 N. 19) Puschberg, Buschberg v. 10

---

g) Balbin. Misc. L. 3. c. 8. & c. 13.
h) LL. Erect. Vol. 1. B. 5.
i) Hist. S. I. P. 4. L. 2. Balbin. Misc. L. 1. c. 58.

10 N. mit einem verfallenen Schloße, welches die Klattauer 1473., weil sich vieles Raubgesind daselbst aufhielt, zerstört haben. Im J. 1600. ist die öffentliche St. Wenzels-Kapelle an diesem Orte aufgeführet worden k).

20) Czekanicze v. 4 N. 21) Rjakom v. 20 N. 22) Polin, Polena, Polna ein Flecken v. 41 N. mit einer öffentlichen Margarethen-Kapelle, und einer Pfarrkirche zu Allen Heiligen, die schon auf das J. 1384. 1388. u. 1389. als Pfarrkirche vorkömmt l). Hier wurde die edle Frau Katharina v. Przichowicz 1647, den 2. März zur Erde bestattet.

23) Joaßlaw v. 19 N. gehöret zum Theil nach Bystrzitz. 24) Czernikau v. 39 N. 25) Milnecz v. 18 N. 26) Hrdoltic3, Herpoltit3 v. 18 N.

27) Gilowa, Gilau v. 14 N. 28) Auſilow, Aufilau v. 25 N. 29) Me3hol3 v. 32 N. 30) Niemczicz v. 26 N. 31) Herrstein v. 5 N. mit einem ehedem festen, ietzt aber verfallenen Schloße, welches der prager Bischof Johann Drazic3ky von Drac3ic3 sammt Karlsberg, oder wie andere wollen Hirschberg im J. 1329. für sein eigenes Geld erkauft, und dem prager Bistum verehret hatte m).

32)

k) Paprocky de Urb.
l) LL. Erect. Vol. 12. B. 14. & C. 3.
m) Lupac. 19. Jun. Balhin. Misc. L. 4. P. 2. Tit. 32. Berghauer in Protomart. P. 1. Anonymus a. Gelasium Dobner Monument. T. 3. p. 39.

32) **Aubotsch,** Aubrsko, Oboz v. 41 N. wurde vor Alters in ober- und unter-Oboz eingetheilet, und hat eine öffentliche Kapelle zu St. Wenzel, und eine Pfarrkirche zu St. Nikolaus. Beyde diese Kirchen waren laut der Errichtungsbücher 1384. mit eigenen Seelsorgern besetzt. Ohngefähr 20 Minuten von dannen trift man in dem so genannten Walde Kaurzim auf einer Anhöhe noch wenige Spuren eines verfallenen Schlosses.

33) **Schepadl** sammt dem Mayerhofe 34) **Koschenitz** v. 35 N. 35) **Wesprawowicz** v. 14 N. 36) **Althütten** v. 3 N. 37) **Aulikow, Aulikau** v. 10 N. 38) **Oprechetz** sammt 39) **Prudicz, Brudiz** v. 34 N.

40) **Auniowitz** v. 24 N. davon ein Theil nach Kanitz gehöret.

41) **Kozomischel** v. 27 N. mit einem schönen Schlößchen. 42) **Kaniczek** v. 11 N. 43) **Kolowecz** ein Flecken v. 84 N. mit einer Pfarrkirche unter dem Tit. der heil. Barbara.

44) **Neuhof** v. 9 N. mit einem Meyerhofe. 45) **Srbicz** v. 25 N. mit einer St. Veits-Kirche. 46) **Tieschowitz** v. 20 N. 47) **Zichow** v. 12 N. 48) **Moczerad** v. 19 N.

Gut Kanitz.

Der jetzige Besitzer hiervon ist Johann Wenzl Schmiedgräbner Ritter von Lustenegg. Der gemeine ne Landmann spricht in diesen Gegenden böhmisch, ob er gleich auch der deutschen Sprache kundig ist, und befördert seine Nahrung durch den Feldbau. Her gehören:

1) Banicz, Banicze, ein Dorf von 50 N. mit einem Schlosse, ehemaligen Stammhause der Herren von Banicz, liegt an der Strasse von Klattau nach Taus, 15 gemeine Meilen von Prag, und eine Meile von Bischof-Teinitz südostwärts entfernt.

2) Przikrzicz von 4 N. mit einem Meyerhofe, gehörte sammt dem Dorfe Branschowa zu Anfang des vorigen Jahrhunderts dem Hrn. Johann Christoph Tucher, wurde aber nach der Schlacht am weißen Berge um 3936 Sch. und 4 Gr. abgeschätzt, und an den königl. Fiskus gezogen.

3) Hradischt, Hradisstie von 44 N. 4) Rádonicz von 38 N.

Gut Przitwostecz.

Die jetzige Besitzerinn davon ist Elisabeth verwittwete Gräfinn Dohalsky, gebohrne Freyinn von Wrzezowecz. Her gehören:

1) Przywostecz, Przywosten von 29 N. mit einem Schlosse und Meyerhofe, liegt an dem Bache Wodna mitten zwischen Teinitz und Banicz von beyden eine halbe Stunde entfernt.

2) Mimowa von 17 N. 3) Elschtin, Elsstjn von 41 N.

Gut Chotiemirž

Gehörte zu Anfang des vorigen Jahrhunderts dem Hrn. Friedrich von Biela, wurde aber nach der Schlacht am weißen Berge an den königl. Fiskus gezogen, und 1622. den 6. July dem Hrn. Adam von Waldstein um 20000 fl. abgetreten a). Die jetzige Besitzerinn hiervon ist Eleonora Freyinn Meng von Rennfeld, gebohrne Freyinn von Lindesheim. Der gehöret allein:

1) Das Dorf Chotiemirž, Chodiemirž von 26 N. mit einem Schlößchen, einem Meyerhofe, und einer 1743. durch die Freyinn Katharina Meng, gebohrne von Liebenberg erbauten öffentlichen Kapelle unter dem Namen des heil. Johann von Nepomuk, liegt an dem Bache Wodna eine viertel Stunde von Prztwostecz ostnordostwärts entfernt.

Gut Wostraczin.

Die jetzigen Besitzer hiervon sind: Wenzel, Karl, und Johann Joseph Hildprandt Freyherren von und zu Ottenhausen, welches ihre Vorfahren vor ohngefähr dreyßig Jahren von den Grafen Czernin käuflich an sich gebracht haben. Die hier übliche Landessprache und Nahrung haben auf den sämmtlichen bis jetzt angeführten Gütern ein gleiches Bewandniß mit dem Gut Kanitz. Der gehöret nur das

Dorf

a) MS.

Dorf Woſtraczin von 69 N. mit einem Schloſſe und
Meyerhofe, und einem nächſt daran ſtoſſenden verfallenen Schloſſe, davon noch einige Merkmale wahrzunehmen ſind; liegt an dem Bache Wodna eine viertel
Stunde von Choriemirz nordoſtwärts entfernt.

Gut Nahoſchitz.

Die jetzige Beſitzerinn hiervon iſt Aloiſia Ludovika Gräfinn Hrzan von Harras, gebohrne Freyinn
von Klauendorf tutorio nomine. Hier ſpricht der
gemeine Landmann ſchon deutſch, und ſuchet ſeine Nahrung durch einen mittelmäßigen Feldbau. Her gehöret:

1) Nahoſchitz, Nahozicze, Hochſchitz von 40
N. mit einem Schlößchen und Meyerhofe, liegt an
dem Bache Wodna, von Przimoſtecz und Banicz
eine halbe Stunde entfernt.

2) Blißiwa, Bližowa mit einem Meyerhofe
von 34 N., davon 2 nach Teinitz, 1 nach Chotie-
mirz, und 3 der Stadtgemeinde in Teinitz gehören.
Die hieſige Pfarrkirche unter dem Namen des heil.
Martinus B., war ſchon 1384. mit eigenem Pfarrer beſetzt, und iſt 1556. eines hier vorhändigen Ge-
mäldes und Inſchrift zufolge auf die Veranſtaltung
des damaligen Beſitzers Kaſpar Gottfried von Zebni-
cze, Herrn auf Choriemirz ganz neu wieder hergeſtellet
worden. Im Jahre 1638. brachte der Teinitzer Stadt-
magiſtrat die drey oberwähnten Bauerngüter ſammt
dem Patronatsrechte über die hieſige Kirche käuflich

an sich von Thomas Bohaut, der zu solcher Zeit ein Besitzer von Chociemirz, und zugleich Rathsmann in Teiniz war.

3) Mallonicz von 22 N., davon nur 3 herr, die übrigen der Stadtgemeinde in Teiniz gehören.

Allodialherrschaft Kauth sammt den inkorporirten Gütern.

Die jetzigen Besitzer hiervon sind Hugo Johann Philipp, und Franz Konrad Grafen von Stadion und Damhausen, deren Vorfahren selbe von den Freyherren von Lamingen käuflich an sich gebracht haben. Der gemeine Landmann spricht hier theils böhmisch, theils aber auch deutsch, und suchet seine Nahrung theils in dem Feldbaue, theils bey den in Kauth und Neugedeyn angelegten Wollenzeugfabriken. Her gehören:

1) Kauth, Gauth, Kauty ein Schloß und Dorf von 86 N. mit einer öffentlichen St. Georgs Kapelle, liegt 16 und eine halbe Meile von Prag, und 1 Stunde von Tauß südsüdostwärts entfernt.

2) Neuhof. 3) Althof. 4) Riesenberg, Ryzuberk, Rymzberg, ein verfallenes Bergschloß, welches durch die Hrn. Schwihowsky von Riesenberg sehr fest angelegt, und von Žižka 1421. großentheils zerstöret wurde a). Im Jahre 1431. den 14. Aug. und abermal 1467. den 2. July, oder wie andre wollen 1466. den 22. September gieng hier ein sehr blutiges

a) Balbin Misc. L. 1. c. 28. L. 3. c. 4. et c. 8.

tiges Treffen zwischen den Böhmen und den Kreuz-
soldaten vor. Die sämmtlichen deutschen Truppen
wurden dergestalten aufs Haupt geschlagen, daß der
ganze Wahlplatz mit todten Leichen bedeckt, und das
Blut bachweis geflossen war, daher auch dieser Wahlplatz noch heut zu Tage Brzizowecz oder Kreuzfeld
genannt wird b). Nachdem die Ruhe einigermaßen
im Lande wieder hergestellet wurde, gelangte dieses
Schloß gegen das Jahr 1545. an den Hrn. Ber=
nard Zehussiczky von Nestagow, der selbes noch im
Jahre 1561. als Kreishauptmann des Königgrätzer
Kreises im Besitze hielt c), und allem Ansehen nach
ganz vortheilhaft wieder befestigen ließ. Diesem folgte Georg Graf von Guttenstein, der 1561. und
1571. dem prager Landtage beygewohnet hatte. Im
Jahre 1618. im Monat July beorderten die ständi=
schen Statthalter oder Verordneren den Hauptmann
Hack mit einer auserlesenen Mannschaft den Besitz
von diesem Schlosse zu nehmen, und daselbst alle Kom-
munikazion und Korrespondenz zwischen den Pilsnern
und Bayern zu verhindern; (Acta Boemiae) und
dieses mag wohl auch die Veranlassung hierzu gegeben haben, daß dieses Schloß während des schwedischen Einfalls in Böhmen zerstöret wurde.

5)

b) Theobald in Hussit. P. 1. c. 76. Balbin. Epitome.
ad An. 1466. Misc. L. 3. c. 8. et c. 21. Mie-
chov. L. 4. Hist. Pol. c. 52. Aeneas Sylv. in
Hist. Boem c. 48. Roo in Hist. Austr. L. 4. Cochl.
in Hussit. Fabric. L. 7. Orig. Sax.

c) Paprocky de Statu Dom.

5) Schloßchaluppen, Podzamczy von 12 N.
6) Neugedeyn, Kdynie, Neygetin, Hutte Kdynie, Neo-Kdina, ein Flecken v. 126 N., liegt 16½ Meile von Prag, und 1 Stunde von Rauth südostwärts entfernt, und ist mit einer 1763. ganz neu wieder hergestellten, und um ein merkliches erweiterten Pfarrkirche unter dem Namen des heil. Nikolaus B. versehen, die schon 1384. mit eigenem Pfarrer besetzt war. In dieser Kirche trift man einen Grabstein mit folgender Aufschrift an: Hier liegt begraben der hochgeborne H. H. *Wilhelmus* Colonna Herr zu *Vels* und Schellenberg, auf Neudolg, und Jabhorn, welcher 1648. den 6 April von einer schwedischen Parthey in dem Schlosse zu Rauth durch einen Einfall erbärmlicher Weise todtgeschossen worden. Sein Herkommen ist von dem uralten Geschlechte der Fürsten Colonna aus Rom. ꝛc. ꝛc. Im J. 1561. hielt Karl v. Swarowa diesen Ort im Besitze d).
7) Prenirschen, Brnirzow v. 22 N. 8) Neudorf v. 41 N. 9) Luboken, Hluboka v. 46 N. 10) Weßclak und 11) Drobiczek 12) Blažnik sammt 13) Maschek und 14) Petrak sind fünf Mühlen. 15) Mehlhut oder Lhota v. 94 N. 16) Stephelhof, Steffelhof zwey einschichtige Höfe. 17) Buzcried, Puzcried oder Poczinowic v. 127 N. 18) Hirschau v. 35 N. mit einer öffentlichen Kapelle unter dem Namen des guten Schäfers', und des heil. Wendelin. 19) Silberberg v. 7 N. 20) Friedrichs-

---

d) Prager Landtag u. J.

Klattauer Kreis.

drichothal v. 34 N. 21) Pleß v. 21 N. 22) Fuchsberg v. 38 N. 23) Habrnwa v. 21 N. 24) Chudiwa v. 37 N. 24) Rothenbaum, Rothacbr/ Rubro-arborium v. 7 N. mit einer 1680. auf die Veranstaltung des ehemaligen Besitzers Friedrich Freyherrn v. Lamingen Domherrn zu Salzburg und Regensburg ganz neu aufgeführten Kirche unter dem Namen Marienheimsuchung. 25) Ober-Flecken sammt 26) Unter-Flecken v. 46 N. 27) Springenberg v. 18 N.

28) Neumarkt, Wsscruby, Neo-Forum ein Marktflecken v. 103 N. liegt an dem Bache Kanip, der hier zum Theil Böhmen von Bayern scheidet, und ist mit einer Pfarrkirche unter dem Tit. des heil. Erz. Michael, und dem Patronatsrechte des Flecken Neumarkt, und der Dörfer 29) Dannau, Tonna v. 38 N. so eine Kapelle zu der heil. Dreyfaltigkeit hat. 30) Viertel v. 32 N. mit einer St. Wenzelskapelle, und 31) Kaltenbrunn v. 18 N. versehen. 32) Rathschin v. 6 N. 33) Weber sammt 34) Lundlhof v. 12 N. 35) Groß-Schneiderhof sammt 36) Klein-Schneiderhof v. 34 N. 37) St. Johanneskirchel v. 3 N., mit einer Kapelle zu St. Johann v. Nep. 38) Draxelmos v. 6. N. 39) Staretz, Sturz, Starz v. 25 N. 40) Klein-Brenner v. 7 N. 41) Neu-Brenner v. 23 N. 42) Alt-Brenner v. 15 N. 43) Nen-deutsch- oder Stadlaner Kubitz v. 14 N. 44) Kohlstätten v. 6 N. 45) Bernloch. 46) Neudörfel liegt an dem Schwarzbach nächst an dem Dorfe 47) Schmalzgruben v. 9 N. 48) Wasserfuppe, ehedem nur eine Glashütte,

Zwölfter Theil. E jetzt

jetzt ein Dorf v. 53 N. mit einer neu erbauten Kirche zu St. Johann. Die Nahrung des hiesigen Landmannes bestehet hauptsächlich in Leinwand-und Garnbleichen, wie auch im Zuschnitzen der Buchbinderbrettel und der Schusterstöckel. Der Feldbau geräth hier des kalten Bodens wegen sehr schlecht, das nöthige Brod muß derowegen größtentheils erkauft werden, die übrige Nahrung aber bestehet hauptsächlich in Erdäpfeln. 49) Koitlmühle. 50) Negebau, Neubau v. 12. N. Hier wird das schönste Kohlkraut gebauet. 51) Mauthhaus v. 22 N. ehedem eine Mauthstazion gegen den äußersten bayerischen Gränzen. 52) Kreuzhütten v. 8 N. mit einer Glashütte. 53) Hersteiner Häusel oder Sieb acht v. 9 N.

54) Nimm für Gut v. 4 N. mit einer mitten im Böhmerwalde erbauten Marienheimsuchungskapelle. 55) Neubauerhütten v. 12 N. und 56) Althütten v. 14 N. waren ehedem zwey Glashütten.

57) Heinrichsberg v. 23 N. war vormal gleichfalls eine Glashütte. 58) Nepomuk, Czapatricze v. 12 N. In den sämmtlichen von dem Dorfe Hirschau sub Nro. 13. bis jetzt angeführten Oertern herrschet die deutsche, in den folgenden aber wieder die böhmische Sprache.

59) Posickau, Potrzekowo v. 118 N.

60) Blencz, Blenecz ein Flecken v. 94 N. mit einer Pfarrkirche unter dem Tit. des heil. Martinus B., die schon auf das J. 1384. als Pfarrkirche vorkömmt, und mit einer k. k. Gränzpoststazion, von dannen

nen man 1 Post bis Bischof-Teiniz, und eben so viel bis Waldmünchen in der Oberpfalz rechnet. 61) Augezd, Augest v. 51 N. 62) Drasenau, Drazenow v. 42 N. 63) Chodenschloß, Chodowo v. 24 N. mit einem Schlosse; hat diese Benennung von dem Worte choditi (gehen); weil diejenigen Wächter oder so genannten Chodowe, welche das Königreich Böhmen vor allem feindlichen Einfall beschützen, und eben darum auf den Gränzen stets herum gehen mußten, in diesem Schlosse ihre angewiesene Wohnung hatten. Sie waren noch darüber verpflichtet, sich dem Könige aus Böhmen, wenn er hier vorbey reisete, in ihrer Soldatenkleidung darzustellen, und demselben ein Fassel voll des reinsten Waldhonigs zu verehren, um dadurch anzuzeigen, daß sie fleißig die Wälder besuchen, und der vorgeschriebenen Pflicht pünktlich nachkommen e).

64) Meigelshof, Trhanow v. 60 N. Hier war noch zu Ende des vorigen Jahrhunderts nach Balbins Berichte eine Eiche, deren Stamm in Umkreise ein und zwanzig Ellen hatte; allein sie war schon einigermaßen von der Fäule angegriffen, und gieng nach der Zeit gänzlich zu Grunde f).

65) Hochofen, Pecz v. 23 N. 66) Hochwartl v. 43 N. 67) Tilmitschau, Dylmiczow v 73 N. 68) Mrdaken, Mrdakow v. 48 N. 69) Alt-Blitschau, Bliczow sammt 70) Neu-Blitschau v. 87 N.

71)

---

e) Balbin. Misc. T. 2. in Mantissa ad c. 29. & ad c. 10. de Montibus.

f) Miscel. L. 2. in Mantissa ad c. 49.

71) Sedlicz v 56 N. 72) Zaborzan. 73) Stanetitz v. 26 N. 74) Plaſſendörfel v. 6 N. 75) Maxberg v. 42 N. 76) Silberhäuſel. 77) Philippsberg 78) Stallung oder Müllerle. 79) Annaberg v. 3 N. 80) Haſilbach v. 15 N. 81) Rauplez 82) Wlſchinſto.

Kauth Kammeralgut.

Her gehören: 1) Sternhof v. 5 und 2) Heuhof v. 7 N. Die übrigen auf unſrer Karte angemerkten zwey Dörfer Jägersdorf und Hochberg gehören nach Bayern.

Tauß.

Domaʒlicʒe, Draſtow, Tuſta, eine königl. Stadt mit Mauern, zählet ſammt den Vorſtädten, und der 2) Stanker: 3) Worliſcher: und 4) Brenntenmühle 430 großentheils wohl gebaute Häuſer, führet im Wappen eine Stadtmauer mit einem offenen Thore, und zweyen Thürmen, zwiſchen welchen ein geharniſchter Mann mit einem blanken Schwert vorgeſtellet wird, und liegt 16 gemeine Meilen von Prag, und 1 M. von Teiniz ſüdwärts entfernt an dem Bache Rʒubrʒina, der unter dem Teiche Smolow in den Bach Warow fällt. Warow hingegen entſpringt unter Klitſchan, eilet bey Nehoſchiz, Prʒiwoſtecʒ und Choriemirʒ fort, und ſteigt unter Stankan in die Radbuza. Die Anlegung dieſer Gränzfeſtung ſetzen unſre Schriftſteller insgemein auf das J. 964. feſt,

doch

doch also, daß sie die von Hagek erdichtete Erzählung in Betreff der Herableitung des Namens Tauß von dem lateinischen Tusta gänzlich verwerfen a). Anfänglich gehörte Tauß der herzoglichen Kammer zu, nach der Zeit aber, besonders zur Zeit des Heinrich aus Kärnten, da viele der böhmischen Herren verschiedene der Krone von Böhmen zuständigen Güter an sich rißen, brachte auch Wilhelm von Hasenburg nebst Beraun die Stadt Tauß unter seine Bothmäßigkeit b). Allem Ansehen nach aber hielt er selbe nicht länger im Besitze als bis auf das J. 1318., in welchem, kraft einer durch den Kaiser Ludwig zwischen den böhmischen Herren und ihren König Johann zu Tauß getroffenen Vermittelung, die Ruhe in Böhmen wieder hergestellt, die Aufsäßigen unter den schuldigen Gehorsam zurückgeführet, und die meisten von den bisher entrissenen Gütern der Krone von Böhmen wieder zurückgestellet wurden c). Im J. 1328. ist Margareth die erstgebohrne Tochter des Königs Johann, und an Heinrichen Herzog aus Bayern verlobte Braut, von ihrer Mutter Elisabeth aus Prag bis Tauß begleitet, und von dannen ferner nach Bayern mit größter Pomp und einer ungemeinen Freudenbezeigung geführet worden d). Einige wollen behaupten, die Stadt

---

a) Stransky l. c. c. 2. Balbin. Epitome L. 2. c. 3.
b) Chron. Auloregense P. 2. c. 2. p. 363.
c) Franciscus Prag. L. 2. c. 3. Beneff. Metropol. L. 2. Paprocky.
d) Franciscus Prag. L. 2. c. 17. Lupac. 12 Febr.

Stadt Tauß wäre bey solcher Gelegenheit als eine Morgengabe an das Herzogtum Bayern abgetreten worden: die hiesigen Bürger aber hätten sich nicht lange darauf mit einer ansehnlichen Summe Geldes von dannen wieder losgekauft, und der Krone von Böhmen neuerdings unterwürfig gemacht; davon ich aber in keinem unsrer ältern Chronisten eine sichere Spur entdeckt habe. So viel ist gewiß, daß der K. Johann im J. 1331. abermal eine Versammlung mit den vornehmsten Herren aus dem böhmischen Adel zu Tauß gehalten, und sich mit ihnen daselbst über verschiedene wichtigen Gegenstände seines Königreichs berathschlaget habe e). Während diesem starb der oben erwähnte Heinrich Herzog aus Bayern, und dessen hinterbliebene Wittwe Margareth kehrte 1341 wieder zurück. Zu gleicher Zeit ereigneten sich auch große Mißhelligkeiten zwischen unserm König Karl IV., und Otten Markgrafen aus Brandenburg, welcher ungeachtet der 1363. mit Karln errichteten Erbverbrüderung für jetzt einen Theil der Mark an den Herzog Friedrich von Bayern verpfändet, und ihn sogar zu seinem Erben ernannt hatte. Karl griff dieser Ursache wegen zu den Waffen, und schickte ein zahlreiches Kriegsheer nach der Mark Brandenburg ab, um den Markgrafen hiedurch zu einer genauern Beobachtung seiner gemachten Verträge und Eide anzuhalten. Friedrich wollte bey diesem Vorfalle weder das Unternehmen unsers Karls ungeahndet, noch das Land seines Gönners ungeschützt lassen, fiel derohalben plötzlich in

Böh-

---

e) Francifcus Prag. L. 2. c. 22.

Böhmen ein, rückte bis Tauß vor, und legte daselbst nebst der Vorstadt dreyzehn Dörfer in die Asche f). Im J. 1431. wurde die hiesige Stadt von deutschen Kriegstruppen, die unter der Anführung des Kardinals Julian, und der Churfürsten von Köln und Sachsen in Böhmen eingebrochen waren, eine Zeit lang belagert, als sie aber eine Nachricht von dem Anmarsche Prokop des Großen bekamen, hoben sie plötzlich die Belagerung auf, und zerstreuten sich in dem ganzen Pilsner und Klattauer Kreise, wo sie alles mit Furcht und Schrecken erfüllet haben. Zu Anfang des dreyßigjährigen Krieges erklärten sich zwar die hiesigen Bürger für Friedrichen aus der Pfalz, nachdem sie aber von dem traurigen Vorfalle, der 1620. zu Pisek vor sich gieng, unterrichtet wurden, legten sie ihre Halsstärrigkeit ab, und nahmen von nun an die Befehle des Kaisers an g). Die hiesige Stadt hat folgende Kirchen.

1) Die Dechantkirche unter dem Namen Mariengeburt, die erst gegen die Mitte des vorigen Jahrhunderts von dem prager Erzbischof Ernest Graf. von Harrach statt der ehemaligen Pfarrkirche zu St. Jakob, zu einer Dechantkirche erhoben, und nach der 1746. den 26. Jul. erfolgten Feuersbrunst abermal 1751. ganz neu und prächtig hergestellet worden ist. Der Altar St. Barbara in dieser Kirche wird auf 15000 fl. geschätzet. Im J. 1741. machte der hiesige De-

---

f) Franc. Prag. L. 3. c. 24. Beneff. Metrop. L. 3. & 4.
g) Stransky.

Dechant Anton Przihoda eine Stiftung von 20800 fl. Kapital für acht Knaben aus seiner Freundschaft, oder in Ermanglung deren für andre von Tauß gebürtige arme Jünglinge, die ein jährliches Stipendium zu 60 — 90 — bis 100 fl. empfangen sollen. Ein mehreres hier, von ist in den Studentenstiftungen S. 113. nachzulesen.

2) Die Kirche zu Marienhimmelfahrt mit einem Kloster der beschuhten Augustiner, welches der K. Wenzel II. 1288. den 12. Jun. gestiftet hatte h). Dieses Kloster kömmt in den Errichtungsbüchern auf das J. 1376. vor i).

3) In der Vorstadt die Kirche zu St. Antonius v. Padua, welche schon auf das J. 1416. vorkömmt k).

4) Die Marienverkündigungskirche mit einem Gottesacker, sonst auch zu Allen Heiligen genannt.

5) Die Kirche zu St. Jakob Ap., gleichfalls mit einem Gottesacker, welche ehedem 1384. 1385. 1399. und 1401. mit eigenem Pfarrer besetzt war l). Das Bild des vom Tode erweckten Lazarus in dieser Kirche wird von allen Kennern als ein Meisterstück eines unbekannten Malers bewundert.

6) Die Kirche zu St. Johann v. Nep: in der Telnitzer Vorstadt, welche auf die Veranstaltung des ehmaligen hiesigen Dechants Ludwig Steyer gegen das J. 1684. aufgeführet worden ist. Die prächtige Bildsäule dieses heil. Landespatrons kömmt von dem berühm-

h) Hammerschm. Pr. Gl. Pr.
i) Vol. 12. A. 4.
k) LL. Erect. Vol. 11. N. 3.
l) LL. Erect. Vol. 6. L. 5. Vol. 12. A. 10.

rühmten Meisel des von Taus gebürtigen Bildhauers Widimon.

7) Die St. Laurenzikirche auf dem so genannten Berge Wesela Hora.

Das Schloß, welches vor Alters der Vorgesetzte der so genannten Chodower oder Wächter bewohnet hat, ist heut zu Tage in eine Salzniederlage verwechselt worden. Die hiesigen Bürger, wie auch die herumliegenden Dorfleute sprechen meistens böhmisch, und suchen ihre Nahrung theils in dem Feldbaue, theils in der Verfertigung verschiedener Zwirnbänder, womit sie einen starken Handel in ganz Böhmen treiben, theils in der Glashütte, und bey den Alaunwerken, welche letztern aber für jetzt von keiner Beträchtlichkeit sind m). Im vorigen Jahrhunderte wurde hier, und bey Klattau die Bienenzucht mit einem guten Erfolge stark betrieben n). Eine Stunde von der Stadt in dem Walde Maut trift man auf einem hohen Berge noch wenige Merkmale eines verfallenen Schlosses, welches hier auch insgemein Maut genannt wird. Der hiesigen Stadtgemeinde gehören folgende Dörfer zu.

1) Porzicze v. 27 N. 2) Smolow v. 5 N. 3) Spanow, Spannowa v. 27 N. 4) Newolicz v. 20 N. 5) Alt= und Neu= Paschesschnitz v. 54 N. mit einem so wie auch zu Hawlowicz nach dem rabischen System zerstückten Meyerhofe. Hier sind die Alaunwerke

---

m) Ferber l. c.
n) Stransky l. c. c. a.

werke vor einigen Jahren rege geworden o). 6) Böh= misch- oder Taußer-Bubitz v. 17 N. Nächst daran stoßen die zwey großen Berge Klein- und Groß-Czerchow. 7) Vollmau v. 33 N. davon 19 zu dem Kammeral- gut Bausth gehören.

8) Babilon sammt 9) Hammer und einer Fluß- hütte v. 17. N. 9) Petrowicze v. 31 N.

10) Milawecz von 50 N., mit einer St. Adal- bertskirche, und einem Gesundbade, welches hier ins- gemein Wogtieſſka genannt wird, dann mit einer neu angestellten Lokalie, wozu das Patronatsrecht der Stadt Tauß verliehen worden ist. Der gelehrte Hr. Gelas Dobner hält dafür, daß der heil. Adalbert bey seiner zweyten Ankunft nach Böhmen nur bis Milawecz gekommen wäre, von dannen aber, als er vernommen hatte, daß seine Brüder ermordet wur- den, seine Reise nach Pohlen gerichtet hätte p). Ha- gek erzählet uns von diesem Dorfe auf das Jahr 981. abermal sonderbare Wunderdinge, die aber heut zu Tage keineswegs einen Beyfall finden können.

Die Einwohner dieses Dorfes sollen der Aus- sage unsers Hagek nach allemal dem neu aufgenom= menen Viehhirten unter andern auch diese Bedingniß setzen, daß er sich bey der Austreibung der Viehheer- de niemal zu blasen unterfange; weil der heil. Adal- bert nicht nur jenen Hirten, der sich beygehen ließ

ihm

---

o) Pelthner edler v. Lichtenfels l. c. §. 161.
p) Hist. T. 4. ad A. 981. Lupac. 17. Martii.

Klattauer Kreis.

ihm, als er sich hier nahe an einem Walde, von der Reise ermüdet, um ein wenig auszurasten, auf den Wasen hinlegte, in das Ohr zu blasen, sondern auch dessen sämmtliche Nachfolger, die sich auf ihrem Horn einen Laut zu geben unterfangen würden, mit einer immerwährenden Taubheit bestraft haben sollte. Boleluczky setzet noch hinzu q), er habe hierüber fleißig nachgefragt, und von den Tauher Rathsmännern häufige Beyspiele vernommen, daß jene Hirten, die darwider handelten, allemal taub geworden wären. Ich wollte denn jüngsthin erfahren, ob die hiesigen Dorfsleute noch heut zu Tage in diesem Wahne wären, schrieb 1788. den 31. Jänner an den löbl. Stadtmagistrat in Tauß, bat mir eine genaue Auskunft hierüber aus, und bekam folgendes zur Antwort: „Wir haben ihres Anverlangens zufolge den „milaweczer Dorfrichter, und einige Aeltesten aus „eben diesem Dorfe vorrufen, und über diesen Um„stand vernehmen lassen, welche sich dahin gedußert „haben: daß ihr Viehhirt bey dem Austreiben nicht „blasen dürfte, wäre ihnen nur der Aussage ihrer „Vorfahren nach bekannt, von sich selbsten aber „hätten sie keinen wahren Grund hierzu, wie es „auch imgleichen keineswegs an dem bestehe, daß „sie dem neu aufgenommenen Hirten die obenerwähn„te Bedingniß jemal gesetzt hätten, dem ohngeach„tet aber wäre doch gewiß, daß kein Hirt zu Mi„lawecz schon von uralten Zeiten her bey Austrei„bung

---

q) In Rosa Boemica c. 10. n. 2.

„ bung der Viehheerde jemal geblasen, oder zu blasen
„ sich getrauet hätte. — Tauß den 14. Jänner 1788
„ Bürgermeister und Rath allda.

Franz Pitzker
Bürgermeister.   Anton Eremias
                              Syndikus.

Man sieht also ganz deutlich hieraus, daß dieß nur ein ohne allen Grund bey dem hiesigen Pöbel eingewurzeltes Mährchen sey.

11) Boschkow v. 9 N. 12) Rzichowicz, Hrzichowice v. 33 N. 13) Hawlowicze v. 17 N. 14) Fichtenbacher Glashütten an dem so genannten Fichtenbach sammt 15) Jägerhaus v. 25 N. 16) Gebrennte Mühle. 17) St. Laurenziberg, Wesela hora einschichtig. 18) Bischinek ein Hof. 19) Baldowa gleichfalls.

Gut Grafenried.

Die jetzige Besitzerinn davon ist die edle Frau Anna Katharina Miller von Altamerthal und Fronhofen. Der gehören:

1) Ober-Grafenried von 24 N., liegt auf den äußersten Gränzen der Ober-Pfalz, 17 gemeine Meilen von Prag, und 1 Meile von Tauß westwärts entfernt. Der Landmann spricht hier deutsch sowohl als böhmisch.

2) Anger von 28 N. Die hier auf unsrer Karte angemerkten Oerter Steinloch und Arnstein,

Klattauer Kreis.

deren jenes ¼ Stunde nordwestwärts, dieses aber 1 Stunde südostwärts von Grafenried entfernt liegt, sind bey dem 1764. getroffenen Gränzenvertrage an die Ober-Pfalz abgetreten worden.

Allodialherrschaft Ronsperg.

Gehörte zu Ende des funfzehnten Jahrhunderts den Freyherren von Ronsberg, von denen gelangte selbe gegen das Jahr 1615. an die Frau Maximilians von Schwamberg. Nach der Schlacht am weißen Berge aber ist diese Herrschaft an den königl. Fiskus gezogen, und bald darauf dem für die armen Studenten bey dem altstädter Jesuiterkollegio in Prag angelegten Seminario von K. Ferdinand II. sammt den Gütern Audrcz und Zngezd geschenkt worden. Weil aber die Jesuiten entweder aus Mangel der hiezu erforderlichen Ordensmitglieder, oder aber aus andern Absichten sich zu solcher Zeit mit der Wirthschaft keineswegs abgeben wollten, traten sie im Jahre 1622. den Donnerstag nach Margareth diese Herrschaft unter gewissen Bedingungen an den Hrn. Severin Thalo von Horstein um 30045 Sch. 52 Gr. ab a). Nach der Zeit fiel diese Herrschaft dem Hrn. Johann Heinrich von Bedenberg, dann dem Freyherrn Mathias von Wunschwitz b), endlich dem Hrn. Daniel Norbert Pachta von Reyhowen, und letztlich dem Reichsgrafen Johann Georg

von

a) MS.

78 Klattauer Kreis.

von Königsfeld zu, von welchem selbe im Jahre 1749. Philipp Wilhelm Reichsfreyherr von Linker und Lutzenwick käuflich übernommen, und seinem Sohne, dem jetzigen Besitzer Johann Franz Reichsfreyherrn von Linker und Lutzenwick Erb- und Gerichtsherrn von Denstedt und Niedertiefenbach erblich verschrieben hatte. Der gemeine Landmann spricht hier nur deutsch allein, und suchet seine Nahrung in dem Feldbaue, und in der Verfertigung allerhand artiger Spitzen, die von dannen häufig nach Bayern abgesetzt werden. Her gehören:

1) Konsperg, Konsberg, Konow, Kunssperk, Konsperk, ehedem ein unter dem Namen Pobiessowicze bekanntes Dorf, jetzt aber ein auf die Veranstaltung des ehemaligen Besitzers Dobrohost Freyherren von Konsberg erklärter Marktflecken mit einem von eben diesem Inhaber neu errichteten, und wohl befestigten Schlosse, zählet sammt 2) Georgenhofe, und 3) Wilowitz, Welwitz, welche der Stadtgemeinde in Konsberg zugehören, sämmtlich 128 N., und liegt 20 Postmeilen von Prag, eine Meile von Tauß, und eben so viel von Teinitz westsüdwestwärts entfernt. Die hiesige Pfarrkirche unter dem Tit. Marienhimmelfahrt ist zu Ende des funfzehnten Jahrhunderts errichtet, und nach der 1632. erfolgten grossen Feuersbrunst ganz neu wieder hergestellet worden. Man trift hier einen Leichenstein mit folgender Grabschrift an: Anno Domini 1506. die 29. Maii obiit generofus Domi-

nus

b) Bergbauer. in Protomart. P. I.

nus D. regni Boemiae Baro Dobrohoſt de Ronsberg et in Teinitz huius caſtri, Eccleſiae, civitatisque Fundator, defenſionisque chriſtianae Fidei adiutor, cuius anima in pace requieſcat. Nebſt dieſem kommen hier noch anzumerken: 2) Die von Mathias Gottfried Freyh v. Wunſchwitz angelegte Schloßkapelle unter dem Namen des heil. Johann v. Nep.

3) Die zu St. Anton v. Pad. Kapelle mit einem Gottesacker, welche ſamt der 4) Marien Heimſuchung Kapelle auf die Veranlaſſung der Freyinn Feliciane v. Wunſchwitz aufgeführet worden iſt. Das hohe Altarblatt daſelbſt wird von allen Kennern für ein Meiſterſtück gehalten. Mitten in der Stadt trift man noch wenige Trümmer und tief in Felſen gehauene Keller von dem ehemaligen alten Schloſſe an, welches insgemein das Frauen-Haus genannt wurde, weil ſelbes allem Anſehen nach die hinterbliebene Wittwe des Hrn. Dobrohoſt v. Ronſperg bewohnet hatte.

4) Meßling, Meßlern, Meczlow, Moczlow von 45 N. mit einer Pfarrkirche unter dem Namen des heil. Erz. Michael, die ſchon 1384. mit eigenem Pfarrer beſetzt war. 5) Woniſchen von 26 N. 6) Wottowa, Wotawa von 34 N. 7) Wikenau, Wilkenau von 33 N. 8) Pareſau, Barezow von 15 N. 9) Rindel von 21 N. 10) Weyer, Wayer von 24 N. 11) Pernſtein, Bärenſtein von 9 N. 12) Waſſerau von 40 N., davon die Hälfte nach Teinitz einverleibt iſt, liegt etwas entfernt nahe bey Mutterſdorf.

Kam-

Kammeradministrazionsgut Stockau.

Her gehören: 1) Stockau, Piwonka, Biwanska, Ostokow, ehedem nur eine Kapelle, welche der Herzog Brzetislaw im Jahre 1047 an eben diesem Orte aufgeführet, an welchem er 1040. einen vollkommenen Sieg wider den Kaiser Heinrich III. erfochten, und das sämmtliche deutsche Kriegsheer aufs Haupt geschlagen hatte a). Das folgende Jahrhundert darauf sind bey dieser Kapelle die Mönche des heil. Wilhelm, sonst Gulielmiten oder Blanc manteaux genannt, eingeführet worden, ob uns gleich der Namen des Stifters unbekannt geblieben war. Im J. 1266. aber bey erfolgter Vereinigung dieses Ordens mit den beschuhten Augustinern, ist auch dieses Gulielmitenkloster dem gleicherwähnten Augustinerorden übergeben worden. Diese Ordensmitglieder, deren 22 an der Zahl hier ernähret wurden, besaßen Stockau, welches itzt ein 20 Meilen von Prag entferntes Dorf von 24 N. ist, sammt den hierzu gehörigen Dörfern bis zu Žižka, und Friedrichs aus der Pfalz Zeiten, wo sie beydesmal von dannen vertrieben, zu Ferdinands II. Zeiten wieder in ihre Besitzungen vollkommen zurück gestellet, und dann 1785. laut eines Hofdekrets aufgehoben, und die sämmtlichen

Ein-

---

a) Aeneas Silv. Hist. Boem. c. 19. Balbin. Epit. l. 1. c. 5. & Misc. L. 3. c. 21. Adauct. Belg. beschr. 1 Thl. 12. St. 3. §.

Einkünfte dieses Guts zur Pensionirung dieser aufgehobenen Ordensmänner angewiesen wurden. Im Jahre 1618. im Monate July legten die ständischen Statthalter, oder verordneten einen Rittmeister von der Pinskischen Kompagnie mit einer zahlreichen Mannschaft, die größtentheils aus Meißnern und Vogtländern bestand, in dieses Kloster ein, um den Pilsnern allen Paß nach Bayern zu verhindern. Dessen ungeachtet bekamen doch die Pilsner einen hinlänglichen Vorrath an Munizion und Volk über Tachau und Königswerth c). In der ehemaligen Susiskirche trift man noch heut zu Tage unter dem großen Altare jenen Baumstock an, auf welchem der Kaiser Heinrich saß, da er dem Herzoge Brzetislaw die Schlacht lieferte. In der St. Johann Tauf. Kapelle werden die Ueberbleibsel des böhmischen Einsiedlers Culmatius oder Colmannus aufbewahret d). Her gehören ferner noch folgende Dörfer, deren Einwohner sämmtlich deutsch sprechen:

2) Zeisermühle von 11 N. 3) Schiferau, so auf der Karte unter dem Namen Schischerln angemerkt ist, von 9 N. 4) Münchsdorf mit einer Kirche unter dem Namen der heil. Dreyeinigkeit. 5) Schidwa, Schittwa von 44 N. mit einer St. Niklaskirche, die mit einem Aeministrator besetzt ist. 6) Klein Semlowicz von 29 N. 7) Gramatin von 33 N., davon die Hälfte nach Ronsberg ge-

c) Acta Boemiae.
d) Balbin. in Boem. Sancta.

Zwölfter Theil. F

gehöret. 8) Waltersgrün von 37 N. mit einer St. Leonardskirche. 9) Dannowa von 25 N. mit einer Kirche zu St. Colmann. 10) Linz von 33 N. die Hälfte hiervon ist nach Ronsberg einverleibt. 11) Glaserau von 13 N. 12) Fronau von 16 N. 13) Georgenhof mit einer St. Georgskirche.

Gut Muttersdorf

Zu Anfang des funfzehnten Jahrhunderts gehörte selbes den Hr. von Pernarticz a). Nach der Zeit gelangte selbes an den Hrn. Johann Wiedersperger von Wiedersperg, der 1561. dem prager Landtage beygewohnet hatte. Von dieser Zeit an blieb dieses Gut allem Ansehen nach bey diesem adelichen Geschlechte b) bis auf den jetzigen Inhaber Joh. Franz Fried. Wiedersperger Reichsfreyherrn von Wiedersperg, Sr. k. k. ap. Maj. wirkl. Kämmerer. Der deutsche Landmann befördert hier seine Nahrung theils durch einen mißlichen Feldbau, theils durch den Holzhandel, und bey den herrschaftlichen Glasfabriken. Her gehören

1) Muttersdorf, Mutienin, Mutterow, Mutina, ein ehemaliger Bergflecken, wo man ehedem auf Kupfer bauete, c) mit einem Schlößchen, zählet 115 N., führet im Wappen einen Bergknappen mit 2. Berghammern, und liegt an dem so genannten Goldbrunnenbache, der am Muschlerberg

sei-

a) LL. Erect. Vol. 6 Q. 4
b) Balbin in Additament. ad L. 3 Misc.
c) Balbin Misc. L. 1. c 19.

seinen Ursprung nimmt, 1. Meile von den oberpfälzischen und churbayerischen Gränzen, 20. Meil. von Prag, und 1. M. von Bischofteinitz westwärts entfernt. Von dem alten Schlosse, welches 1751. den 6. Juny gänzlich eingeäschert wurde, trift man noch einige Merkmale an. Die hiesige 1607 ganz neu wieder hergestellte Pfarrkirche unter dem Tit. des h. Ap. Bartholomäus kömmt in den Errichtungsbüchern schon auf das J. 1384 u. 1400 als Pfarrkirche vor. Außer dem Orte liegen die zwey Kapellen zu St. Erasmus und Sebastian 2) Groß = Gorschin v. 12. N. 3) Klein = Gorschin v. 6 N. 4) Pfaffenberg v. 4 N. 5) Althütten v. 11. N. 6) Unterhütten v. 23 N. 7) Oberhütten v. 15 N. 8) Friedrichshof v. 10 N. 9) Neid v. 19 N. und 10) Neu = Schwanenbrückl v. 30 N. sind mit zwey Glashütten versehen

11) Schnagemühle v. 6 N. 12) Putzbüchl v. 2 N. 13) Schwarzag v. 12 N. liegt an einem Bache gleiches Namens.

Fideikommißherrschaft Heil. Kreuz.

Gehörte zu Ende des vorigen Jahrhunderts den Grafen v. Lammingen a). Bald darauf ist diese Herrschaft auf das Anverlangen der Gräfinn Anna Theresia Metternich, gebohrn. Zucker, Freyinn v. Damfeld zu einem Fideikommiß erhoben worden

Der

---

a) Balbin Misc. L. 1. c. 67. et L. 3. c. 4. §. 1.

Der jetzige Besitzer hiervon ist Johann Erasmus Graf Zucker Freyherr v. Damfeld. Der deutsche Landmann suchet hier seine Nahrung in einem mittelmäßigen Feldbaue, in der Verfertigung verschiedener Holzwaaren, und bey den herrschaftlichen Glashütten, deren hier vier an der Zahl sind. In diesen werden theils Spiegel, theils Hohlglas verfertiget. Die Produkten werden ins Reich, und von dannen weiter fortgeführet. Her gehören:

1) Heil. Kreuz, ein Dorf mit einem von den Grafen Lammingen ganz neu aufgeführten Schloße, und einer Pfarrkirche unter dem Tit. des heil Kreuzes, darinn die herrschaftliche Gruft mit folgender Aufschrift zu sehen ist: A. 1708. den 12. Martii. Juckerische Gruft. Darinn ruhet der Wohlgebohrne Herr Wenzel Ignaz Zucker von Tamfeld, so in Gott verschieden den 25. May A. 1699. Item: die hoch und Wohlgebohrne Fr. Fr. Anna Theresia Reichsgräfinn von Metternich-Winnenburg und Pailstein, gebohrne Zuckerinn von Tamfeld, Frau der Herrschaft heil. Kreuz, Weißensulz und Eisendorf, verschieden den 16. Octobris 1712. Item: Die Wohlgebohrne Frau Pollexina Zuckerinn von Tamfeld gebohrne Gotkin. Obiit den 6. Iun. 1714. Dieses Dorf liegt 20 Meilen von Prag, ¼ Stund von Muttersdorf, und eine halbe Stunde von Hostau entfernt, und zählet samt 2) Hasselberg 88. N.

3)

3) Fuchsberg samt 4) Neubau oder Neuberg v. 33 N. 5) Sich dich für samt 6) Wistersitz v. 36 N. Hinter dem letzt genannten Dorfe fängt der Böhmerwald oder Harzwald, Silva Hercinia an.

7) Pleß mit einer Kapelle, liegt an der Pfalz, wo ein Gränzstein anzutreffen ist, der zwischen der Ober-Pfalz, Bayern und Böhmen die Gränzen ausweiset; zählet samt 8) Galthof und 9) Straßenhütten 59 N. 10) Walddorf liegt mitten im Walde und zählet sammt 11) Ruhestein oder Ruchstein, und den 12) Glashütten 46 N. 13) Eisendorf, führet den Namen von dem ehemaligen Eisenhammer, und ist mit einem Jagdschlosse, und einer Pfarrkirche zu St. Barbara versehen; liegt hart an der Pfalz, und an dem so genannten grossen Frentsch-Teich, darinn 30, 40 bis 50pfündige Karpfen und Hechten gefischt werden, und zählet samt 14) den Alten Zahnhütten 107 N. Nicht ferne von dannen trift man wenige Merkmale von alten Verschanzungen an, welche die Franzosen bey ihrem Einbruche in Böhmen aufgeworfen haben.

15) Weißensulz v. 148 N. mit einem Schlosse, und einer 1691 auf die Veranstaltung der oben erwähnten Gräfinn Theresia v. Metternich aufgeführten Kirche unter dem Namen der Schmerzhaften Marie, die heut zu Tage von einem Lokalkapellan administriret wird.

16) Schmolau samt 17) Karlsbach und 18) den Glashütten v. 41 N. 19) Rosendörfel. samt 20) Bärndanz

danz v. 12 N. 21) Rosenmühle 22) Neuhof ein Meyerhof mit einer Mühle liegt an dem so genannten Hammerbach, der aus der Pfalz gegen Weißensulz fortlauft.

Majoratsherrschaft Pernartitz

Gehörte zur Zeit des K. Karl IV. den Rittern v. Pernaticz a), von denen selbe auch diesen Namen mag ererbt haben. Dann gelangte selbe an die Freyherren v. Hildprandt, und endlich an die Fürsten v. Löwensteinwertheim käuflich. Der jetzige Besitzer Karl Thomas Reichsregierender Fürst zu Löwenstein-Wertheim, souverainer Fürst zu Chasse Piere, Graf zu Rochefort, Königstein, Montaigne &c. Sr. k. k. ap. Majestät Generalfeldmarschalllieutenant, wirkl. Kämmerer, Ritter St. Huberti, und des Brandenburgischen schwarzen Adlerordens, und Ehrenmitglied der französischen Akademie der Wissenschaften zu Paris, Erfurt und Halle, hat selbe nach dem Hintritte seines Vaters erblich übernommen. Der Landmann spricht hier deutsch, und suchet seine Nahrung in dem Ackerbaue. Her gehören:

1) Pernartitz, Pernarticze, Bernitzreut, Pernaticze, Pernarticium, ein Schloß und Dorf mit einer mitten im Dorfe aufgeführten öffentlichen Kapelle zu St. Johann v. Nep., und einer 1735. sehr prächtig

wi-

---

a) Balbin. Misc. L. 3 c. 4 §. 1.

wieder hergestellten Pfarrkirche unter dem Tit. der heil. Ap. Peter und Paul, die schon 1384 mit eigenem Pfarrer besetzt war. Dieses Dorf liegt 18 Meilen von Prag und 1 Meile von Haydе südwärts entfernt, und zählet samt 2) Strachowicz und dem Meyerhofe 3) Witowicz, Wiedowicz 73 N. Nächst an dem letztgenannten Meyerhofe trift man noch wenige Ueberbleibsel eines verfallenen Schlosses, ehemaligen Stammhauses des adelichen Geschlechts Strachowsky v. Strachowicz an. 4) Dehenten sammt 8) Tuz v. 45 N. In diesem letzt genannten Orte ist 1772. eine Kirche unter dem Namen des Erz. Michael ganz neu wieder hergestellet worden. 6) Godrusch mit einer öffentlichen St. Stephanskapelle, zählet sammt 7) Klein-Meyerhofen 37 N.

8). Altsattel, Stary-Sedlo v. 39 N. liegt an einem unbenannten Bache, welcher den großen mitten im Dorfe gelegenen Teich durchschwemmt, und ist nebst einer geraumen Katharinenkapelle noch mit einer andern Kirche unter dem Tit. Marien-Himmelfahrt versehen, die auf das Jahr 1384 zwar als Pfarrkirche vorkömmt, jetzt aber nur von einem Lokalkapellan administriret wird. Einige wollen behaupten, es wär hier vor Zeiten ein Frauenkloster S. Magdalenæ de poenitentia gewesen, davon aber gar keine Spur mehr anzutreffen ist. In der oben erwähnten Katharinenkapelle trift man eine Grabstätte der Hrn. v. Schwamberg an, mit einem Grabsteine, darauf ein Kelch vorgestellet wird.

9)

9) Wurken v. 43. N. 10) Kitzau, Kaczow v. 41 N. mit einer St. Martin B. Kirche; ehedem ein Rittersitz, den, laut der Kirchenbücher, und der noch heut zu Tage an dem Kirchengewölbe abgeschilderten Geschlechtswappen, vor Zeiten die Hrn. Merklinsky, Wiedersperg und Helversen im Besitze hielten. Mitten in der Kirche ist auch eine Grabschrift der Freyh. v. Augezd zu sehen. 11) Turban v. 31. N.

Allodialgut Woleschna oder Elsch.

Gehörte ehedem den Hrn. David, Heinrich und Franz Karl von Braschop oder Graschop, dann gelangte selbes erblich an die edle Frau Sibilla von Stampach, gebohrne von Graschop, und letzlich an die Grafen Bokorzowecz von Bokorzowa, von denen selbes die Grafen von Königsfeld käuflich übernommen, bald darauf aber an die verwittwete Freyinn v. Schirnding, Besitzerinn von Neu-Czerlitz abermal käuflich abgetreten hatten. Nach dem Hintritte dieser gleich erwähnten Freyinn von Schirnding fiel selbes ihrer Tochter der jetzigen Besitzerinn Josepha verwittweten Fürstinn von Löwensteinwertheim, gebohrnen Freyinn von Schirnding erblich zu. Die Sprache und Nahrung des hiesigen Landmannes hat ein gleiches Bewandniß mit jener bey Pernartitz. Her gehören:

1) Elsch, Wolessna, Wolsse mit einem schönen Schlosse, darinn eine öffentliche, und prächtig gezierte St. Annakapelle zu sehen ist. Im Jahre 1782 den 24.

24 Jun. brannte ein großer Theil dieser Kapelle sammt dem Bräuhause ab. Dieses Dorf liegt 1 Stunde von Hayde, und ½ Stunde von Pernarritz nordnordostwärts entfernt, und zählet sammt 2) den so genannten Ziegelhäuseln 37 N. 3) Groß Wonetic 3 sammt 4) Bl. in ≠ Wonetic3, v. 37 N.

5) Goßau sammt 6) der Grundmühle von 13 N. 7) Widlicz, Wiedlicz von 30 N. mit einem Meyerhofe, und einer öffentlichen Kapelle unter dem Namen der heil. Apollonia. Nahe daran gegen Nielmitz liegt der Berg Lichon, wo vor ohngefähr 20 Jahren Eisenerzt gegraben wurde. 8) Libeswa, Libeswar von 22 N. mit einem Meyerhofe, den man aus drey öden Bauerhöfen errichtet hatte. Nicht ferne von diesen Dörfern liegen die sogenannten Sieben Berge, aus welchen der Schotten ≠ und Spritzlberg nach Kopetzen, Chlum und Gebrennterberg nach Darmaschlag, die übrigen theils nach Pernarritz, theils nach Elsch und Teinitz gehören. 9) Pawlesdorf, Pablsdorf, Pawlowicze von 23 N.

Allodialgut Kopetzen oder Proſtibor.

Der jetzige Besitzer Franz Graf von Oppersdorf hat selbes nach dem Hintritte seiner Mutter Renata Gräfinn von Oppersdorf, gebohrnen Freyinn von Schirnding und Elsch erblich übernommen. Vor ohngefähr hundert Jahren war die böhmische Sprache zum Theil hier noch im Schwunge, jetzt aber spricht der gemeine Landmann nur deutsch allein, und

ſu-

suchet seine Nahrung in einem sehr mißlichen Feldbaue. Her gehören:

1) Kopezen, sonst auch das Schloß Prostiborz genannt von 8 N., liegt zwischen Teinitz und Bladrau von beyden eine Meile entfernt, gehörte vor Alters dem Stifte in Kladrau zu. Der hiesige runde und hohe Thurm ist dieser Ursache wegen merkwürdig, weil er ehedem keinen Eingang gehabt, und eben darum allem Ansehen nach zu einer Gefängniß gedienet hatte; erst im Jahre 1738. hat man mit vieler Mühe einen Eingang in diesen Thurm durchgebrochen.

2) Telitschen, Dölitsche, Delicz, Telicze von 45 N. mit einem Meyerhofe, und einer 1720. auf die Veranstaltung der edlen Frau Franziska Wolfinger, gebohr. Ber von Bernberg ganz neu aufgeführten Kapelle unter dem Tit. Marienhilf. Das Schlößchen ist 1757. abgebrännt, und liegt noch heute zu Tage im Schutte.

3) Darmschlag, Drmislaw, Darmisse von 51 N. 4) Prostibor, Prostiborze von 45 N., Stammort ter Ritter von Prostibor a), gehörte 1551. dem Hrn. Wenzel Tocznik, und 1615. dem Hrn. Burchard Tocznik von Brzinnicz b). Bey der hiesigen 1753. neu wieder hergestellten Pfarrkirche zu St. Nikolaus B. trift man eine große Glocke mit folgender Aufschrift an: Tento Zwon dal slyt vrozeny Pan Waczlaw Tocznik z Wosadnjczy, ke czti a chwale Panu Bohu, a S. Mikulassy. Leta bozyho 1551.

Ma-

---

a) Balbin. Misc. L. 3. c. 4.
b) Prag. Landtag n. J.

Majoratsherrschaft Bischof-Teinitz,

sammt den einverleibten Gütern Czeczowitz, Hoftau, Taschnowitz, und den Allodialgütern Puklitz, Schlewitz, und Webrowa.

Es stehet noch dahin, ob eben der bey unserm Hagek auf das J. 717. angeführte Horsch die Stadt Teinitz angelegt, oder jemal im Besitze gehabt habe. Aus allen Umständen würde man nicht ohne Grund muthmassen, daß der Herzog Boleslaw II., da er gleich anfangs seiner Regierung mit Genehmhaltung des Kaisers Otto, und des Pabstes Bonifazius, wie auch mit Einwilligung des regensburger Bischofs Wolfgang im J. 973., nicht aber 968, wie sich einige falsch beygehen ließen, das prager Bisthum stiftete a), demselben nebst vielen andern auch das Gut Teinitz verehret hatte; indem man in keinem vaterländischen Geschichtschreiber eine Spur findet, daß dieses Gut später kauf- oder schenkungsweise dem prager Bisthum zugefallen wäre, da man doch aller jener Güter, die mittlerweile demselben zugewachsen sind, ein klares Verzeichniß in Händen hat. Diesem zufolge hielten die prager Bischöfe die Stadt Teinitz sammt allen hierzu gehörigen Dörfern in einer ungestöhrten Ruhe ohngefähr 450 Jahre im Besitze bis auf den ruchlosen Erzbischof Konrad Wechta, der sich beygehen ließ,

a) Gelaf. Dobner Hift. T. 4. ad A. 973.

ließ, die sämmtlichen Güter des prager Erzstiftes an verschiedene unrechtmäßigen Besitzer zu verpfänden, oder zu veräußern. K. Siegmund kam diesen ungerechten Gesinnungen Konrads vor, beorderte schleunigst den Ritter Zdenko v. Drstka nach Teinitz ab, der die Stadt ohne allen Widerstand in Besitz genommen, und bald darauf 1421. wider den Zizka, im J. 1431. aber wider Prokop den Kahlen selbe mit Hülfe der Bürger, und andrer tapfern Männer, die sich her geflüchtet haben, ritterlich vertheidiget hatte b). Nach der Zeit, als die Landesruhe zwar einigermaßen hergestellet, die erzbischöfliche Stelle aber noch nicht ersetzt wurde, trat K. Siegmund die Herrschaft Teinitz an die Herren 3 Prostebo, oder wie andere wollen von Konoschperg ab, aus welchen uns namentlich Dobrohost, daher auch die Stadt Teinitz eine Zeit lang Dobrohostow genannt wurde, Zdenek, Bohuslaw, Georg und Wolf z Prostebo bekannt sind c). Als dieser jetzt genannte bereits ein sehr hohes Alter erreicht, und keine Hoffnung mehr einen männlichen Erben zu bekommen gehabt hatte, verschrieb er sein Pfandrecht 1539. an Johann den jüngern Popel von Lobkowicz, der 1554. als Obersterlandeskämmerer, und 1558. als Oberstburggraf im Königreiche Böhmen den prager Landtägen beygewohnet, und mittlerweile diese Herrschaft von K. Ferdinand I. als erb- und eigenthümlich

über

---

b) Chron. Bartossii, & Appendix. Chron. ejusdem.
c) Contin. Pulkavae & Balbin. Misc. L. 3. c. 7.

übernommen hatte d). Diesem folgte Johann der ältere v. Lobkowicz, der 1570. den 12. Apr. zu Prag in seinem eigenen Hause mit Tode abgegangen war e), dann Christoph, und letztlich Wilhelm Popel v. Lobkowicz, dessen Güter nach der Schlacht am weißen Berge an den k. Fiskus gezogen, und 1623. den 16. Jän. an Maximilianen Grafen v. Trautmannsdorf sammt Czeczowicz um zweymal hundert tausend Gulden abgetreten worden sind f). Eben dieser Maximilian erhob die Herrschaft Telnitz zu einem Majorate, und segnete in einigen Jahren darauf das Zeitliche. Diesem folgten im Besitze dieser Herrschaft Adam, Mathias, Ritter des goldenen Bließes, und Oberstlandesmarschall im Königreiche Böhmen g), dann dessen Sohn Rudolph, endlich Rudolph, Wilhelm, Johann Joseph, und Franz Norbert Reichsgr. v. Trautmannsdorf, Ritter des goldenen Bließes, Sr. k. k. a. Maj. wirkl. geheimer Rath und Kämmerer, wie auch Ihro königl. Hoheit der Durchlauchtigsten Erzherzoginn Marie Elisabeth Obersthofmeister. Nach dessen Hintritte fiel diese Herrschaft dessen einzigem Sohne, dem jetzigen Besitzer Ferdinand Reichsgrafen zu Trautmannsdorf und Weinsberg, Freyherren auf

Glei-

d) Prag. Landt. n. J. und Paprocky de Statu Dom. & Hist. S. I. L. 2. ad A. 1559.
e) Paprocky ibidem.
f) Paprocky l. c. Balbin. Misc. L. I. c. 16. MS. Condemnat.
g) Hammerschm. Pr. Gl. Pr.

Gleichenburg, Megau, Burgau und Tatzenbach, Sr. k. k. ap. Maj. wirkl. geheimen Rathe und Kämmerer. Die böhmische Sprache nahm hier mit dem jüngst verstrichenen Jahrhunderte das Ende, und für jetzt herrschet um Teinitz nur die deutsche Sprache allein, doch sind noch allemal einige Gegenden auf dieser Herrschaft, wo die böhmische Sprache den Vorzug hat, wie wir bald ausführlich sehen werden. Der Ackerbau ist in hiesiger Gegend an der Abendseite bey Teinitz ziemlich fruchtbar, gegen den Aufgang aber der vielfältigen Anhöhen halber nur mittelmäßig. Die Hauptrubriken dieser Herrschaft bestehen sonderlich in dem Feldbaue, in der Viehzucht, und in den Teichen. Man hat auch hier vor wenigen Jahren mittelst der beygeschaften spanischen Stöhre die Wolle zu verfeinern gesucht, allein aus Mangel der angemessenen Weide fangen dieselben wieder nach und nach auszuarten an. Her gehören

1) **Bischofteinitz**, Horssowsky oder Horossowsky Teyn, Teyn Horssuw, Dobrohostow, Tina Horssii, Tynhorschovium, eine Herrnstadt mit Mauern, zählet sammt den Vorstädten 267 Häuser, liegt an der Reichspoststrasse nächst an dem Flusse Radbuza 19 Postmeilen von Prag, und 6 Meilen von Pilsen westsüdwärts entfernt, ist mit einer k. k. Poststazion versehen, von dannen man 1 Post bis Stankau, und eben so viel bis Klencz rechnet, und führet im Wappen nebst zweyen Stadtthoren einen gekrönten Adler mit ausgedehnten Flügeln, auf dessen Brust mit goldenen Zügen F. I. or-

gestellet wird, welches Vorrecht K. Ferdinand II. 1622. der hiesigen Bürgerschaft in Rücksicht der gegen ihre rechtmäßigen Landesfürsten stets beybehaltenen Treue eingeraumt hatte. Die Hauptnahrung der hiesigen Bürgerschaft bestehet im Bräuwesen, Feldbaue, und verschiedenem Handwerksgewerbe. Seit einigen Jahren hat man sich hierorts auch auf das Spitzenklippeln ungemein fleißig verlegt. Fast alle Mägdchen beschäftigen sich damit, und verschaffen sich hierdurch bereits in ihren jungen Jahren den nöthigen Unterhalt. Sonst trugen auch die samstägigen Wochenmärkte vieles bey, als wo eine sehr große Menge Getreid versilbert, und von dannen bey offenen Pässen nach der Pfalz und Bayern verführet wurde. Die Anlegung der hiesigen Stadtmauer wird insgemein dem prager Erzbischof Arnestus I. auf das J. 1352. beygesetzt, auf dessen Anverlangen der K. Karl IV. nicht nur den bisherigen Marktflecken Teinitz in die Zahl der Städte versetzt, sondern auch den hiesigen Bürgern im J. 1357. das Recht eingeraumt hatte, ihre Häuser, Felder, Wiesen, und andre Grundstücke ohne alle Hinderniß und Beschwerde genießen, oder selbe an andere verkaufen und versetzen, ihre Töchter, Waisen und Wittwen ohne Anstand verehelichen, und sich in allen Rechtsstreitigkeiten nach dem Beyspiel der königl. Stadt Nies richten und verhalten zu können h). Ein gleiches that eben dieser Landesfürst im J. 1371. auf die bittliche Vorstellung des prager Erzbischofs Johann

Oczko

g) Paprocky de Urb.

Očko v. Wlassim, und berechtigte die hiesige Bürgerschaft auf alle Waaren, die durch ihre Stadt geführet wurden, einen nach rechtmäßigem Gutachten angemessenen Zoll zu bestimmen, und denselben abzufodern. Diese sämmtlichen Vorrechte wurden von den nachfolgenden Regenten Siegmund 1422. und 1434., Ladislaw 1455. den 26. Jul., Wladislaw II. 1496 den 23. Jul., Ferdinand I. am Ertag nach Marienhimmelfahrt, Maximilian 1569., und Ferdinand II. 1622. bestättiget. Ferdinand III. dehnte noch diese Freyheiten aus, und gestattete, daß die Bürger sowohl in als auch außer der Stadt ihr Waizen- und Gersternbier frey schänken und verkaufen dürften i). Im J. 1513. den 24. May, und 1529. den 14. Jun. trat die Radbuža weit aus ihrem Ufer heraus, wodurch ein Theil der Vorstadt, und viele Menschen zu Grund giengen k). Bald darauf 1547. den Mittwoch nach Ostern wurde die ganze Stadt sammt dem Schlosse eingeäschert l). Nicht minder haben die hiesigen Bürger im J. 1648. von den Schweden einen großen Verlust ihres Vermögens erlitten m). Unter den merkwürdigen Gebäuden verdienen hier vorderst angemerkt zu werden: 1) Das Schloß, welches von dem prager Erzbischof Arnest I. in Gestalt eines Vierecks an-

---

i) Archiv. Civit.
k) Paprocky. Lupacius.
l) Paproc.
m) Acta Boem.

Klattauer Kreis.

angelegt, dann mit einem tiefen Graben, zweyen Thürmen, und eben so viel Hebbrücken versehen, vom Johann Lobkowicz aber nach der großen Feuersbrunst dergestalten wieder hergestellet worden ist, daß selbes nach der zu solchen Zeiten üblichen Kriegsverfassung statt einer der vortheilhaftesten Festungen ganz füglich dienen konnte. Man trift daselbst tief in Felsen gehauene Keller, treffliche Gewölber, und geraume Wohnzimmer, die auch eine fürstliche Hofstaat fassen könnten. In dem großen Speisesaale waren noch vor wenigen Jahren die sämmtlichen Portraite der ehemaligen böhmischen Herzoge und Könige zu sehen, heut zu Tage aber ist derselbe mit den herrlichsten zu Wien gemalten Spalieren gezieret. Die Hofkapelle unter dem Namen der heil. Dreyeinigkeit ist noch ein seltenes Ueberbleibsel des grauen Alterthums. Man nahm vor wenigen Jahren eine Verbesserung dieser Kapelle vor, und sah bey dieser Gelegenheit nicht ohne Verwunderung ein aus Stahl verfertigtes Sigill aus der Mauer hervorrollen mit dieser Randschrift: S. Conradi Dei gratia Episcopi olomucensis. In der Mitte war der heil. Wenzel in Harnisch, rechts das Wappen des Ollmützer Stiftes, links aber ein Bock, das Geschlechtswappen des gleich erwähnten Konrad, vorgestellet. Außerhalb des Schlosses sind gegen Mitternacht die Wohnungen der Beamten und Hofdiener, die sehenswürdige Reitschule, darinn von beyden Seiten große, und von besten Künstlern verfertigte Gemälde der auserlesenen Pferde, die hier in der Herr-

Zwölfter Theil.   G   schaft-

schaftlichen Stutterey jemal erziegelt worden, zu sehen sind, dann das Komödienhaus, die herrschaftlichen Pferdställe, und ein weitschichtiger mit Treib- und Feigenhäusern wohl angelegte Lust- Obst- und Kuchelgarten. Gegen Abend liegen viele Fischbehälter, der Meyerhof, der Getreidkasten von sieben Absätzen, das Forsthaus, die Rebhühnerkammer, wie auch der beträchtliche, und mit einer hohen Mauer eingeschlossene Phasangarten, auf dessen äußerster Anhöhe ein kleines, insgemein der Spiegel genanntes Lustgebäu ruhet, wo sich zu Zeiten die Herrschaft mit ihren angenehmen Gästen zu erlustigen pflegt. 2) Das Rathhaus, auf welchem folgende Aufschriften zu lesen sind. Zur linken Seite: Renovatus hic locus sub inscriptione: Justitia tua Domine sit vera lux Civitatis. Zur rechten Seite: Civitas una cum arce & suburbio ex Dei permissione exusta, ubi personæ triginta sex periere. 3) Die 1776. aufgeführten k. k. Kasernen und Pferdställe. Unter den Gotteshäusern sind zu merken 1) Die Erzdechantkirche unter dem Namen Marienhimmelfahrt, und der heil. Christoph und Apollinar in der großen Vorstadt. Sie kömmt in unsern ältesten Geschichtschreibern schon auf das J. 1251., dann in den Errichtungsbüchern auf die Jahre 1331. 1333. 1376. 1382. 1384. 1405. 1411. 1414. 1415. 1431. 1435. und 1451. vor n). Arnest der erste

pra-

---

n) Contin. Cosmae ad A. 1251. LL. Erect. Vol. 2. F. 3. k. 3. Vol. 5. I. 10. Vol. 13. V. 6. Vol. 10. G. 1. Vol 3. 2. 11. Balbin. Misc. L. 6. p. 30.

prager Erzbischof, der die hiesige Stadt größtentheils in Aufnahme gebracht hatte, stiftete bey dieser Kirche einen Probsten, Dechant, und zwey Chorherren. Allein zur Zeit der hussitischen Unruhen wurden diese Geistlichen vertrieben, und die Kirche zum Theil eingeäschert. Nach der Zeit ist dieselbe wieder einigermassen hergestellet, und 1768. den 18. Oktob. durch Ernest Johann Grafen v. Herberstein Suffragan, und geheimen Rath des Churfürsten aus Trier und Bischofs zu Freysingen feyerlich eingeweihet worden. Unter die vornehmsten Gutthäter dieser Kirche wird billig Heinrich Scribonius, sonst Piseczky von Horsssow gerechnet. Er stund sieben und dreyßig Jahre als Probst, und 6 Jahre als Administrator dem Domstifte in Prag vor, und hat die jetzt erwähnte Kirche nicht allein mit kostbarem Kirchengeräthe häufig versehen, sondern auch daselbst einen Priester bey dem Altare der heil. Magdalene auf ewige Zeiten gestiftet. Unter den noch einigermassen kennbaren Grabsteinen sind hier vorzüglich jene der Hrn. Dobrohost v. Ronsperg, v. Guttenstein, v. Rosenberg, Pflug v. Rabenstein, dann der Ritter Hora v. Oczelowicz, Plachy v. Trzebnicz, Crautner v. Crautenheim, v. Sonnershausen, Großen von Wald und v. Robersburg anzumerken. Diese Kirche wird heut zu Tage von einem Erzdechant, und fünf Kaplänen administriret, aus welchen einer von dem ehemaligen hiesigen Erzdechante Johann Wagner 1760. als Katechet gestiftet wurde.

2) Die ehemalige Pfarrkirche zu St. Peter und Paul, welche der prager Bischof Tobias erbauet hatte; und obgleich selbe durch die heftige Feuersbrunst 1547. und 1708. stark beschädiget wurde, so gelangte selbe dennoch wieder mit Beyhülfe verschiedener Wohlthäter zu ihrer ehemaligen Gestalt. Hier ruhet die Leiche Johann des jüngern Popel v. Lobkowicz, der 1570. am Sonntage Jubilate in Prag als Oberstburggraf starb, und den 8. May in einem zinnenen Sarg in dieser Kirche beygeleget wurde. Ausserhalb der Gruft stand ehedem ein prächtiges Mausoläum, so aus dem feinsten weißen und braunen Marmor verfertiget, und mit künstlichen Figuren und Sinnbildern geschmücket war; allein das bey der letzten Feuersbrunst eingestürzte Kirchengewölb zernichtete dasselbe gänzlich, wobey auch die übrigen Grabsteine zersplittert wurden, und solchemnach in Vergessenheit gerathen sind. Bey eben dieser Kirche ist auch ein sehr harmonirendes Geläut, dergleichen kaum in ganz Böhmen anzutreffen ist; dasselbe besteht aus vier Glocken. Drey derselben hangen an dem Stadtkirchenthurm, deren eine 9 böhm. Cent. und 84 Pf., die zweyte 19 Cent. 104 Pf., die dritte 41 Cent. 30 Pf. am Gewichte hält. Die vierte hängt auf dem nahe bey dem Schlosse aufgeführten Thurme, hält 62 Cent. und 10 Pf., und ist 1614. durch Walentin Arnolden von Budweis gegossen worden. In der Rundung sind die Wappen der Hrn. von Lobkowicz, Schwamberg und Kollowrath zu sehen.

Si-

Simon Brofius von Horstein Trapezuntinischer Erz- und Prager Weihbischof, der eben auch in der hiesigen Stadt zur Welt kam, hat selbe 1636. den 10. Juny geweihet. Ober der Eingangsthüre liest man folgende Aufschrift: In &c. poſt triſte incendium Civitatis Tynenſis, dum tutorio nomine præeſſent Illma D. D. Maria Thereſia Comitiſſa de Trautmannsdorf, nata de Baar, nec non Illmus D. D. Adamus Chriſtophorus Comes de Trautmannsdorf, reſtaurari coepit Eccleſia Parochialis SS. Petri & Pauli devaſtata per ignem 1708. die 12. Junii. Im Jahre 1748. ist diese ehemalige Pfarrkirche aus erheblichen Ursachen der hiesigen Erzdechantkirche einverleibt, und statt des hier angeſtellten Pfarrers eine neue Pfarrpfründe in dem Dorfe Trzebnicz errichtet worden.

3) Die in der prager oder sogenannten Klostervorſtadt unter dem Namen der heil. Landespatronen Veit, Wenzel und Adalbert 1654. den 25. July durch den prager Erzbischof Kardinal von Harrach feyerlich eingeweihte Kirche, bey welcher Maximilian Graf von Trautmannsdorf 1650. ein Kapuzinerkloſter geſtiftet, deſſen Nachfolger aber Adam Mathias zu Stande gebracht hatte o). In der St. Franz Ser. Kapelle trift man die gräfl. Trautmannsdorfische Gruft an, darinn folgende Leichen beygelegt sind. Rudolph Wilhelm, Johann Joſeph, Adam Chriſtoph Adolph, Rudolph, Joſeph Wenzel Grafen

o). Archiv. Convent.

sen von Trautmannsdorf. Ferner: Johanna gebohr. Gräfinn von Sternberg, Margareth Gräfinn von Lobkowicz, Anna Maria Fürstinn von Lichtenstein, Karolina Gräfinn Prisigl, Ludovika Gräfinn Kollowrat, Florenzia Gräfinn von Gaver, Maria Theresia Gräfinn von Paar ꝛc. ꝛc. In der St. Felicis Cantalicii Kapelle verdienet unsre Aufmerksamkeit hauptsächlich das überaus schöne Altarblatt, welches der jüngst verstorbene Graf Franz Norbert Trautmannsdorf nach dem berühmten römischen Original von dem besten Künstler in Rom verfertigen ließ. Hier ist auch eine für die Ordensbrüder bestimmte Gruft, darunter auch folgende Herren beygelegt ruhen: Wenzel Czernin Graf von Chudenicz, Wenzel Anton Zarawecz Freyherr von Zarawa, Wilhelm Maximilian Baniczky von Hradischt, Salomena Maximiliana gebohrne Gräfinn von Mitrowicz, Johanna gebohrne Straka. Diese Ordensbrüder, deren hier 25 an der Zahl ernähret wurden, sind 1785. laut eines Hofdekrets aufgehoben worden.

4) Die Kirche zu St. Fabian und Sebastian in der großen Vorstadt mit einem nächst daran angelegten Spitale, welche sammt der Kunegundiskirche zur Zeit der hussitischen Unruhen gänzlich verwüstet wurde. Jene stellte man zwar nach der Zeit in den vorigen Stand wieder her, diese aber liegt noch heut zu Tage in dem Schutte.

5) Die ¼ Stunde von der großen Vorstadt auf einem Hügel zu Ende des funfzehnten Jahrhun-

hunderts von Holz, dann 1501. auf die Veranstaltung des hiesigen Erzdechants M. Nicolai von Budweis von Stein aufgeführte, und 1516. den 5. Apr. durch den regenspurger Weihbischof Peter Kraft feyerlich eingeweihte Kirche unter dem Namen der heil. Anna. Sie ist 1781. mit vier prächtigen Altären gezieret worden. In dieser Kirche ruhet die edle Frau Anna von Biberstein, eine Tochter des berühmten Freyherrn Hieronim von Biberstein, Herrn auf Friedland und Reichenberg, und Ursula, gebohrner schlesischen Herzoginn von Münsterberg und Oels, die erste Ehefrau Johann des jüngern Popel von Lobkowicz, und eine vorzügliche Wohlthäterinn dieses Gotteshauses, welche 1554. den 16. September auf dem hiesigen Schlosse im Herrn entschlief. Nächst daran stößt das nach dem Jerusalemer Original aufgeführte Grab Christi mit dieser Aufschrift: Dieses Grab hat aus schuldiger Treu und herzlicher Treuheit, Anna Maria verwittwete Gräfinn von Trautmannsdorf, gebohrne Fürstinn von Lichtenstein dem Licht der Welt, und Eckstein der Kirche Christo Jesu zu Ehren, dann allen todt= und lebendigen Christgläubigen zum Trost erbauen lassen im Jahr M. DC. XC. VII. Eben diese gleich erwähnte Fürstinn ließ 1696. nächst an dieser Kirche vier Wohnungen für acht arme Trautmannsdorfische Unterthanen; wo selbe mit nöthiger Speise und Kleidung versehen werden, dann sechs große, und von Stein nett gehauene Bildsäulen auf der Straße von

Tel-

Teinitz bis zu dieser St. Annakirche errichten. 6) Die 1584., und folglich viel eher als jene im Kaloniter Kreise auf der Herrschaft Tachlowicz zu Hagek erbaute, und 1636. durch den prager Weihbischof Simon Brosius feyerlich eingeweihte Lauretenkirche; mit dieser in Stein gehauenen Aufschrift: Leta od narozenj Božiho 1584. Wegmeno Swaté a nerozdilne Trogicze, a chwale blahoslawene Pannie Marigy Rodicze Božy genž slowe z Loretu, zalozen a wystawen gest tento Kostelik nakladem vrozeneho Pana Pana Kristoffa mladschiho z Lobkowicz na Teynie Horssowstem, Bilinie a Tachowie, gehd Milosti Czysarske Raddy Komornika, a Kralowstwy Czeskeho Neywissiho Kammermeistra, a tuto na Pamatku Putowanj sweho do Zemie Wlaste k Pannie Marigy z Loretu, kdezto znamenite Diwowe a Zazrakowe se diegy przy Lydoch, kterzyž na to Misto ze wsseho Krzestianstwa putugy, tež aby swe Przipowiedi, kterauž se gest zawazal, zadost vezinil.

So beschränkt auch immer diese gegenwärtige Herrnstadt war, so erzeugte sie doch zu allen Zeiten sowohl dem Staate, als auch der Kirche sehr nützliche Männer, und dieses mag auch unsern Balbin dahin bewogen haben, daß er der Stadt Teinitz den Namen einer Pflanzschule der katholischen Priesterschaft, und des Vaterlandes vortrefflicher Männer beygelegt hatte. In diese Zahl gehören: Stephan Hitl, der zu Paris über die Mathematik und Arzneykunst öffentlich

Klattauer Kreis.

lich las, und alsdann zum Rektor an eben dieser hohen Schule ernannt wurde p). Raphael Missowsky, führte anfänglich, wie einige wollen, den Namen Sobiehrd, mit dem er sich auch selbst in dem vom Paprocky über die adelichen böhmischen und mährischen Familien verfaßten Werke, welches er aus der polnischen in die böhmische Sprache übersetzte, unterzeichnet haben soll. Er widmete sich vorderst der Rechtsgelahrheit, und nachdem er verschiedene auswärtige Universitäten besucht hatte, kehrte er nach seinem Vaterlande wieder zurück, und legte sich von nun an den Namen Missowsky bey. Nicht lange darauf ist er an dem kaiserlichen Hofe dem Erzherzoge nachmaligen Kaiser unter dem Namen Ferdinand III. als Lehrer in der böhmischen Sprache vorgestellet, dann 1637. von eben diesem Kaiser in den Ritterstand mit dem Beynamen von Sebasten, oder wie andre wollen Sebuzyna erhoben, endlich zum Rathe bey der k. k. Appellazion, und königl. Sachwalter, letztlich aber zum Unterkämmerer in dem Königreiche Böhmen ernannt worden. Er starb 1644. den 20. July, und wurde in der ehemaligen Jesuiterkirche bey St. Salvator nächst dem Xaverialtar unter folgender Grabschrift, die er kurz vor seinem Hintritte selbst verfaßt hatte, beygelegt:

Regis in hoc regno Vice eram Camerarius; at nunc
Muissowsky Raphael condor in hac Camera q).

p) Paprocky l. c.
q) Hist. S. I. P. 4. Vol. 2. L. 4. p. 96. und Abbild. böhm. und mähr. Gelehrt. 4. Thl.

Simon Brosius von Horstein, dessen wir schon oben erwähnet haben, ist von Ferdinand dem zweyten mit dem Ehrennamen eines königl. Rathes und Comitis Palatini beehret worden. Er gab eine Beschreibung des Marienbildniß heraus, so auf der Altstadt bey St. Jakob aufbewahret wird, wodurch er das Zutrauen des Volks zu diesem Marianischen Bildnisse ungemein vermehret hatte. Seine Verdienste bestanden übrigens hauptsächlich darinn, daß er den durch die Länge der Zeit fast gänzlich schon in die Vergessenheit gerathenen Gesang des heil. Adalbert bey der Domkirche zu Prag wieder eingeführet, und die dem prager Domprobste entfremdete Herrschaft Wolin wieder zurück bekommen hatte. Er starb 1642 den 13 Jän. Seine Abbildung ist in der Sakristey bey St. Jakob zu Prag, und in Poleluczkys Rosa Boemica anzutreffen r).

Wenzel Sturem kam hier 1531. zur Welt, trat im 24 Jahre seines Alters in den Jesuiterorden ein, und legte 1555 zu Rom in die Hände des Stifters dieses Ordens Ignatius Lojola die feyerlichen Ordensgelübde ab. Er machte sich sehr berühmt, sowohl durch seine gründlichen Kenntnisse in der Gottesgelahrheit und in der griechischen Sprache, als auch durch seine hinreissende Beredsamkeit, und manche vortreffliche Werke, die er hauptsächlich wider die sogenannten böhmischen Brüder verfaßt hatte. Ein mehreres kann man von diesem gelehrten Jesuiten in Bal-

r) Balbin Boemia Docta P. 2.

Balbins Boemia Docta, und in den Abbildungen der böhmischen und mährischen Gelehrten nachschlagen. Vor einigen Jahren versuchten einige der hiesigen Bürger auf der Mittagsseite von der Stadt einzuschlagen, brachten auch wirklich einige Erzstuffen hervor, die sie nach Prag in das königl. Münzamt zur Probe abgeliefert haben. Nach einer genauen Prüfung fand man, daß diese Stuffen Bley und Silber führen, und nach 1 Centner 4 Loth Silber Ausbeute ertragen. Ob man aber dieses Unternehmen ferner fortgesetzt habe, ist mir unbekannt. Die Veranlassung hierzu mochte etwann jene Begebenheit, die uns Balbin berichtet s), gegeben haben. Es soll nämlich zur Zeit K. Rudolph II. Leonard Kiffel ein Binder während der Erndte auf seinem oder dem so genannten Pfaffenberg gelegenen Acker eine goldene Ruthe in Gestalt einer Haberähre, die einen kleinen Finger dick, und eine prager Elle lang war, gefunden, und selbe noch den nämlichen Tag an einen hiesigen Rathsmann Johann Pachra gegen Erlag 1 böhm. Schocks verdussert haben. Sobald der zu solcher Zeit obwaltende Grundherr Wilhelm Popel v. Lokowicz hiervon eine Nachricht bekommen, befahl er die gemachte Auslage dem gleich genannten Käufer zurückzustellen, zahlte dem Erfinder dafür auf der Stelle 100 Sch. Gr., ließ eine Abbildung von dieser Ruthe nach der geometrischen Länge und Breite entwerfen, welches Gemälde

noch

s) Misc. L. I. c. 16.

noch heut zu Tage auf dem hiesigen Schloße aufbewahret wird, das Orginal selbst aber fertigte er an den K. Rudolph einen großen Liebhaber dergleichen Seltenheiten nach Prag ab; und obwohl hernach auf königlichen Befehl der Platz, worauf die Ruthe soll gestanden haben, aufgesuchet wurde, so konnte man dennoch ohngeachtet alles Fleißes auf die Spur der vermeinten Goldader nicht mehr gelangen. Nebst diesem wird auch allhier noch eine zweyte Goldruthe im Orginal vorgezeiget, die 1713. nahe an der Lauretenkirche auf dem Acker des hiesigen Rathsmannes Franz Hafner gefället wurde. Sie ist in drey Theile gebrochen, und hält am innern Werth 57 fl., so wie es der pilsner Goldschmied geschätzet, und 5 Dezemb. n. J. mit eigener Namens- und Petschaftsfertigung bescheiniget hatte. Was ich von dergleichen aus der Erde gewachsenen metallenen Stäben halte, darüber äußerte ich schon meine Meinung in dem Czaßlauer Kreise S. 24. Ein jeder sieht wohl ganz leicht ein, daß ein mettalener Stab von solcher Breite und Länge ohnmöglich in einem Jahre aus der Erde wachsen könne. Doch würde es allemal der Mühe lohnen, wenn ein Naturalienkabinet solche vermeinten Seltenheiten käuflich an sich bringen möchte, um sie genau zu prüfen, und ihre eigentliche Entstehung anzeigen zu können. Der hiesigen Stadtgemeinde gehöret der 2) Meyerhof Laas oder Hlas, der bey Blißiwa angerechnet ist. Der Grundobrigkeit in Teinitz gehören: 3) Dinkowitz, Jenkowecz v. 13 N., mit einem Meyerhofe und einer

Schä-

Schäferey. 4) Murchowa oder Mrchoged v. 12 N. 5) Niemczicz v. 12 N. Hier und nahe an dem 6) Meyerhofe Waldowa sind noch einige Merkmale von einer alten Verschanzung anzutreffen. 7) Weyrowa v. 12 N., davon 2 sammt einem kleinen Meyerhofe nach Nahoschitz einverleibt sind. 8) Trzebnicz liegt am Fuße des Bergs Chlum, und zählet 37 N., mit einer Pfarrkirche unter dem Tit. des heil. Egidius Ab., die schon auf das J. 1384. als Pfarrkirche vorkömmt. Nach der Zeit aber trieb 1618. der damalige Besitzer Wilhelm Popel v. Lobkowicz den katholischen Pfarrer von dannen weg, solchemnach wurde die hiesige Kirche nach der Schlacht an weißen Berge nach Teinitz einverleibt, und erst 1752. neuerdings mit eigenem Pfarrer besetzt.

9) Chrastowicz, Brastowicze v. 41 N. 10) Groß-Luženicz v. 33 N. 11) Klein-Luženicz v. 20 N. Diese drey letzt genannten Dörfer sind böhmisch, und dieser Ursache wegen wird der Gottesdienst in Trzebnitz, dahin selbe eingepfarrt sind, wechselweis deutsch und böhmisch gehalten. 12) Wozdirzen v. 16 N.

13) Birk, Pirk v. 17 N. 14) Raschnitz v. 15 N. 15) Maschowitz v. 23 N. 16) Sirb, Srb v. 38 N. mit einer zu St. Johann Tauf. Kirche, die 1744. ein hiesiger Müller Johann Schirmer aus eigenem Vermögen errichten ließ. 17) Sattel v. 25 N. 18) Meden v. 15 N. 19) Witana v. 18 N. 20) Pickmühle. 21) Schlattin v. 29 N. mit einem Meyerhofe. 22) Trohatin v. 51 N. 23) Haslau, so

auf

auf der Karte unter dem Namen Haſlern vorkömmt, zählet 22 N.

24) Matſchetin v. 20 N. 25) Herſtein, Herſſteyn, Hyriſtein, ehedem ein feſtes, jetzt aber in eigenem Schutte begrabenes Bergſchloß, Stammhaus der Herren v. Herſtein, welches zur Zeit der huſſitiſchen Unruhen die Tauſſer zerſtöret haben t). Im J. 1329. brachte Johann IV. v. Drazicz, prager Biſchof dieſes Schloß ſammt Karlsberg, oder wie andre wollen Hirſchberg an ſich v). Auf das J. 1411. und 1412. kömmt Johann v. Welharticz als Beſitzer dieſes Schloſſes vor x). Heut zu Tage iſt ein runder Thurm der einzige Ueberreſt von dieſem Schloſſe. Von dieſem Berge bietet ſich eine freye Ausſicht auf 10 Meilen dar. Der gemeinen Ausſage, und ſchriftlichen Zeugnißen zufolge, haben noch vor der letzten böhmiſchen Empörung viele Steinkündige aus Wälſchland dieſe Gegend beſucht, daſelbſt häufige koſtbare Steine geſammelt, dieſelben geſchliffen und um einen hohen Preis wieder in Böhmen abgeſetzt.

26) Berg am Böhmer Walde, Bergium, Mons S. Wenceslai v. 16 N. mit einer Kirche, die ſchon 1384. mit eigenem Pfarrer beſetzt war; heut zu Tage wird ſelbe von einem Adminiſtrator verſehen. Rings um die Kirche

---

t) Balbin. Miſc. L. 3. c. 4. & c. 8.
v) Beneſſ. de Weitmil L. 2. & Lupac. 19 Jan. Anonymus a. Gelaſ. Mon. T. 4. Berghauer im Prozom. P. I.
x) Paprocky, Balbin. Miſc. L. 5. Vol. 9. L. 10.

Kirche trist man noch hier und da wenige Ueberbleibseln eines ehedem festen Schlosses.

27) Schilligau, Schillikau v. 24 N. 28) Hotuschen, Hattauschen v. 18 N. 29) Gramatin v. 26 N.

30) Hostau, Hostow, Hostaunie, Hostovium, eine von K. Rudolph II. 1587. erklärte Stadt mit einem mittelmäßigen Schlosse, zählet 122 N., liegt an einem unbenannten Bache 20 Meilen von Prag, und 1½ M. von Teinitz westnordwestwärts entfernt, und führet im Wappen eine Stadtmauer mit einem offenen Thore, und zweyen Thürmen im blauen Felde. Zwischen diesen Thürmen erscheinet ein andres kleines durch eine Querlinie getheiltes Schild, dessen unterer Theil ganz roth ist. Der obere Theil ist abermal durch eine Horizontallinie in zwey Theile getheilet, darauf rechts ein Hirschgeweih von dreyzehn Enden, in einem gelben, links aber ein Löwe in weiß und gelbem Felde vorgestellet wird. Die Nahrung der hiesigen deutschen Bürgerschaft besteht nebst dem gewöhnlichen Stadtgewerbe hauptsächlich in einem sehr mißlichen Feldbaue, und in der Verfertigung verschiedener leinenen Bänder. Diese Stadt gehörte im vierzehnten Jahrhunderte den Hrn. Hostaun von Rabstein zu y). Nach der Zeit gelangte selbe an die Hrn. von Guttenstein, aus welchen Heinrich 1615. dem prager Landtage beygewohnet hatte.

Die-

---

y) Petrus Perysterius Pfarrer in Teinitz in einer Lobrede.

Diesem folgte Georg von Guttenstein, dessen Güter nach der Schlacht am weißen Berge an den königl. Fiskus gezogen, und 1622. den 7. Juny an Johann Zdenko von Wratislaw um 41000 Sch. Gr. abgetreten worden sind z). Bald darauf fiel diese Stadt den Grafen von Trautmannsdorf zu, und wurde der Herrschaft Teinitz einverleibt aa). Unter den Gotteshäusern kommen hier anzumerken: Die Pfarrkirche unter dem Tit. des heil. Ap. Jakob des Gr., die schon 1384. mit eigenem Pfarrer besetzt war. 2) Die Marienhimmelfahrtkapelle mit einem Spitale. 3) Die öffentliche Kapelle unter dem Namen des Frohnleichnams Christi, die etwann 40 Schritte von der Pfarrkirche entlegen ist, und 1634. auf die Veranstaltung der Gräfinn Kordula von Lobkowicz, gebohrnen Gräfinn Czernin von Chudenicz ganz neu wieder hergestellet, im Jahre 1636. den 13. Juny aber durch den oft erwähnten Weihbischof Simon Brosius von Horstein feyerlich eingeweihet wurde, die Erbauung dieser Kapelle soll dem Zeugnisse des oben angeführten Petrus Perysterius, und zweyen Gemäl, den zufolge, die in eben dieser Kapelle zu sehen sind, folgende Begebenheit veranlasset haben. Im Jahre 1427. sollen die in Hostau zu solcher Zeit wohnhaften Juden aus der eine Meile Wegs von hier entfernten Kirche bey St. Peter und Paul (allem Ansehen nach in Pernartitz) sieben konsekrirte Hostien gestohlen,

z) MS.
aa) Balbin Misc. L. 3.

len, und selbe zu Hause mit vielfältigen Gabel- und Messerstichen gemißhandelt haben, dergestalten, daß ein häufiges Blut aus diesen Hostien geflossen sey, und den Tisch sowohl, als auch die Wand sammt den Uebelthätern bespritzet habe. Dieser unverhofte Auftritt soll bey den Bösewichtern eine ungemeine Furcht und Angst rege gemacht, und ihnen den Rath an die Hand gegeben haben, diese Hostien an eben diesem Orte, wo jetzt die obenerwähnte Kapelle steht, und wo zu solchen Zeiten nur ein kleines Gebüsch war, in möglichster Stille einzuscharren. Den folgenden Tag darauf, setzet man noch hinzu, als der Schafhirt die Heerde nächst an diesem Orte vorbey trieb, sollen die Schafe daselbst auf die vordern Füsse zu Erde gefallen seyn, und ein ungewöhnliches Bläcken vorgegeben haben. Dieser außerordentliche Vorfall machte nun alle diejenigen, die hiervon eine Nachricht bekamen, aufmerksam. Man eilte ohne Verweilen herbey, wühlte diesen ganzen Platz fleißig durch, und fand nicht ohne Erstaunen die sieben Hostien daselbst vergraben, die man anfänglich durch den hierortigen Pfarrer nach der Kirche übertragen ließ, und dann an den Pabst in Rom überschickt hatte. Die Verbrecher sollen hierauf lebendig verbrennt, und alle Juden von dieser Zeit an aus dieser ganzen Herrschaft auf immerwährende Zeiten verwiesen worden seyn. Nun diese Geschichte möchte wohl, wie man sieht, mit hinlänglichen Umständen versehen seyn, um den Beyfall einer Glaubwürdigkeit bey manchen zu erwecken; allein

Zwölfter Theil. H ich

ich fürchte noch immer, daß nicht etwann ein schwärmerischer Kopf die Gelegenheit zu solcher Erzählung von dem Namen Hoſtau, welches er mit dem Worte Hoſtie verwechselte, genommen habe, und dieser Ursache wegen eben so wenig Glauben verdiene, als jener, der die Geschichte von den zweyen Fingern, die noch heut zu Tage in dem Poſtamte des Kruzifixbildes, bey welchem die ſtreitenden Partheyen den Eid ablegen, auf dem hieſigen Rathhauſe aufbewahret werden, zuerſt aufgetiſchet hatte. Die glaubenswürdige und vielleicht auch von Zeugen unterfertigte Beschreibung dieser Begebenheit soll — wie nun ſchon immer in den Fällen gleiches Gelichters zu geſchehen pflegt — verlohren gegangen seyn. Sie beſteht in folgenden. Da vor ohngefähr zwey hundert Jahren ein Unterthan von der oben beschriebenen Herrſchaft Heil. Kreuz auf der hieſigen Rathsſtube einen falſchen Eid abgelegt hatte, sollen ihm diese zwey Finger in Gegenwart aller Anweſenden plötzlich von der Hand herabgefallen seyn. Wahrlich ein sonderbarer Zufall, wenn er gegründet wäre; daß jeder falscher Eid eine gottesläſterliche Sünde sey, hat seine Richtigkeit; aber wie viel solche Finger würde man wohl auf den sämmtlichen Rathſtuben zählen, wenn einem jeden, der einen falſchen Eid abgelegt hatte, gleicher Weise ergangen wäre, beſonders da zu einem Meineid, wie Rabner ſpricht, nicht mehr erfordert wird, als zwey geſunde Finger, und ein Mann ohne Gewiſſen.

Zwi=

Zwischen Hostau und Muttersdorf soll zu Balbins Zeiten der sogenannte Edelstein Amochrysus häufig gefunden worden seyn bb).

31) Zwirschen u. 25. N. 32) Dobraken v. 18. N. 33) Zetschin, Czeczin v. 19 N. 34) Pössigau, Besikow v. 45 N.

35) Zemschen v. 32 N. 36) Czerna Hora so auf der Karte unter dem Namen Czerlabor vorkommt, zählet 15 N. 37) Wabitz, v. 12 N. 38) Przeß v. 21 N. 39) Garassen v. 5 N. 40) Holubschen v. 8 N. 41) Melenitz, Mielnicze v. 39 N. mit einem gelden Hofe, einer Muttersháserey, und einer Pfarrkirche zu St. Egidius Ab., die schon 1384. mit eigenem Pfarrer besetzt war.

42) Mirkowicz v. 21 N. 43) Schitarzen, Ssisskarz, mit einer auf dem nächsten Berge gelegenen Pfarrkirche unter dem Namen des heil. Laurenz, die schon 1384. mit eigenem Pfarrer versehen war. Man trift auf diesem Berge noch wenige Merkmale einer alten Verschanzung an, und ackert manchmal alte Säbel, Sporn, Hufeisen, und häufige Todtenbeine aus. Im Dorfe selbst trift man eine 1702. auf die Kosten des damaligen Pfarrers Joseph Portner aufgeführte öffentliche Kapelle zu St. Judas Thad. Ap. an, darinn mit Genehmhaltung des prager erzbischöfl. Konsistoriums insgemein der Gottesdienst gehalten wird. Hier liegt auch der Stifter unter folgender Grabschrift begraben: Hac iacet in cella, per quem stat & ista Capella. Dieses Dorf zählet sammt dem 44) Meyerhofe Hoßatitz 22 N.

45)

---

bb) In Additamentis ad L. I. Misc. c. 33.

45.) Amblaz, Amplaz v. 35 N. 46) Brze=
berſcham, Brzeberzan ſammt 47) dem Meyerhofe Na=
ßaticz v. 26 N.

48) Haſchowa, Hoſchawa v. 16 N. 49) Ta=
ſchlowitz v. 27 N. mit einem Meyerhofe, und einem
alten Schlößchen. 50) Zwingau v. 12 N. 51)
Ruden, Rauten v. 9 N. 52) Horſchau v. 15 N.
mit einer ſchönen ganz neu wieder hergeſtellten Kirche
zu Allen Heiligen, die 1384. mit eigenem Pfarrer
beſetzt war, und einem nächſt daran ſtoſſenden verfallenen Schloſſe gleiches Namens, deſſen Ueberreſt zur
Einzäumung des nahe anliegenden weitſchichtigen
Thiergartens noch zur Zeit der Herrn Popel v.
Lobkowicz verwendet wurde. Dieſer Thiergarten
ſtrecket ſich in der Rundung über eine ſtarke Meile
aus, und iſt mit einer fünf Ellen hohen Mauer umgeben. Man findet daſelbſt nebſt einem Meyerhofe, der
alle übrigen auf dieſer Herrſchaft übertrift, fruchtba-
re Felder, Wieſen, Teiche, Pfaſangärten, darinn all-
jährig häufige Phaſanen erziegelt werden, und überaus
ſchöne Hutweiden, worauf oft die außerleſenſten Füllen
und Pferde ihr Fraß ſuchen, deren viele nach der Zeit
manchem Monarchen und großen Fürſten treffliche
Dienſte leiſten. Auf einem der ſtärkſten Teiche
trift man hier eine kleine Inſel an, worauf das ſo-
genannte niedliche Luſthaus 53) Annaburg mit ſchönen Gartenſpalieren angelegt iſt. Rehe, Haſen, Reb-
hühner, Phaſanen bieten allhier die ſchönſte Gelegenheit zur Jagdluſt dar; und damit die Teiche, Wieſen

und

und Hutweiden ohne Unterlaß bewässert werden, ist zu solchem Endzwecke ein kleiner Kanal aus dem Flusse Radbuza herein geleitet worden.

54) Polschnitz, Polssnicze, v. 30 N. 55) Boczaurow, Boczaura v. 18 N.

56) Ober-Medelzen von 12 N. Nicht ferne von diesem Dorfe fängt ein ebener Platz an, der sich sowohl in die Breite, als auch in die Länge auf drey viertel Stunde weit erstrecket, und insgemein der Reichstag genannt wird. Er verschaft dem Schaf- und Rindvieh aus den herumliegenden Dörfern eine gesunde und gute Hutweide. Man findet auch auf diesem Platze einen ehedem mit Steinen ausgefütterten, nunmehr aber verfallenen Brunnen, woher vielleicht zu schliessen wäre, daß hier vor Zeiten Leute gewohnet haben.

57) Unter-Medelzen v. 18 N., mit einem Meyerhofe. 58) Mirzikau, Mirzkow v. 42 N., mit einem Meyerhofe, und einer Kirche unter dem Namen des heil. Veit M., die auf das J. 1384. als Pfarrkirche vorkömmt. Dieses Dorf gehörte im sechzehnten Jahrhunderte dem Ritter Nikolaus Mirzkowsky v. Tropeżicz, der 1571. dem prager Landtage beygewohnet hatte.

59) Hocy-Semlowicz, Samniowicze v. 25 N., liegt am Fuße des Berges Paschetzen, und ist mit einer Pfarrkirche zu St. Georg M. versehen, die schon 1384. unter die Zahl der Pfarrkirche gezählet wurde. Der Boden ist in dieser Gegend sehr kalt, und

trägt auch nach der besten Bearbeitung nicht über 3 Körner. 60) Brjakau, Brjakow, Brastow mit einer Pfarrkirche unter dem Namen des heil. Wenzel M., die schon auf das Jahr 1386. als Pfarrkirche vorkömmt cc); zählt sammt 61) dem Meyerhofe Neuhof 21 N. 62) Meßholz, Meßholz von 24 N. 63) Mukowa von 18 N. 64) Groß Malowa, Malawa von 21 N. 65) Wassertrompeten von 20 N. 66) Nemlowitz, Nemniowicze von 16 N. von dannen war der berühmte Maurus Rauczka gebürtig, der 1713. als Prälat des Benediktiner Stiftes bey St. Nikolaus zu Prag verschieden ist.

67) Schlewitz, Schlowitz von 8 N. ehemaliges Stammhaus der Ritter Schlowiczky von Schlowicz, deren Geschlecht im vorigen Jahrhunderte erloschen ist. Im J. 1780. kam dieses Gut von dem Hrn. Rudolph von Geisau käuflich an die Herrschaft Teinitz

68) Pazinow, so auf der Karte unter dem Namen Bozowitz vorkömmt, mit einem Schlößchen von 18 N., davon etwas dem Freyherrn Rudolph von Geysau zugehöret. 69) Magolzen, Mogolzen, Bukowecz von 28 N. mit einer Pfarrkirche unter dem Namen Marienhimmelfahrt, die nach der Art der ältesten Kirchen, die man ecclesias castellatas nannte, mit einem tiefen Graben umgeben ist, und auf das Jahr 1384. als Pfarrkirche vorkömmt.

70) Czarlowicz, Czerniowicze von 16 N. Hier sind noch wenige Merkmale eines ehedem betriebe-

---

cc) LL. Erect. Vol. 7. E 4.

Klattauer Kreis.

denen Bergwerks zu sehen. 71) **Radlstein**, Hradisstian von 24 N. liegt mitten unter den schönsten Waldungen, darin sich vormals der guten Nahrung und Ruhe halber häufiges schwarz und rothes Wildpret aufhielt. Man trift auch hier noch deutliche Spuren einer zerstörten Kirche und zweyer verfallenen Schlösser, deren eins 72) **Wostrowecz**, das zweyte aber 73) **Hradisst** genannt wird. Uebrigens ist zu merken, daß hier ohne Unterlaß das ganze Jahr hindurch, die härteste Winterszeit ausgenommen, die sogenannte Wagenschmiere in zweyen Oefen gebrennet wird; und diese Handthierung ist auch eigentlich der vorzüglichste Nahrungszweig der sämmtlichen Unterthanen des zur Herrschaft Teinitz einverleibten Guts Czeczowicz, als welche hier aller Orten solche Wagenschmiere verfertigen, und selbe mit gutem Nutzen nach Sachsen, Pfalz, Bayern und bis an die Donau verführen 74) **Eischelin** von 25 N. 75) **Honositz, Honosowicz, Hannuscz** von 37 N. 76) **Schekarschen** von 23 N. mit einer nahe daran 1717. angelegten, und 1769. mit einer niedlichen Freskomalerey gezierten St. Barbara = Kapelle, daran ein Gesundbrunn, und wenige Merkmale eines ehedem hier betriebenen Bleybergwerks zu sehen sind, welches aber des großen Aufwandes wegen, dessen man zur Herstellung dieses Bergwerks würde nöthig haben, heut zu Tage unbetrieben bleibt. Auch hier soll vor ohngefähr hundert Jahren ein Schnitter zur Zeit der Erndte einen dünnen goldenen Drat gefunden haben, der um den Getreidhalmen gewunden war. Er soll sich dieses Drates anfänglich zur Ausputzung seiner Tabakpfeife bedienet, dann ein Stück davon einem Juden geschenkt, das übrige aber nach der Zeit, als er den Werth dieses Metalls erkannte, an einen Goldschmied in Pilsen um 15 fl. veräußert haben.

77) Nomirschen sammt 78) Drubicz von 19 N. 79) Czeczowicz, Czeyczowicze von 27 N. mit einer Kirche zu St. Niklas, die 1384. mit eigenem Pfarrer besetzt war, dann mit einem zu Anfang dieses Jahrhunderts in der Gestalt eines Dreyecks erbauten Schlosse, und einem berühmten Bräuhause, woraus die sämmtlichen Wirthshäuser auf dieser ganzen Herrschaft das Bier zu holen angewiesen sind, weil selbes seiner Güte und angenehmen Geschmackes halber vor allen übrigen in diesem ganzen Kreise den Vorzug verdienet.

80) Strich von 20 N. 81) Zwitschowitz von 26 N. Dieses Dorf und Pomirschen sind böhmisch. 82) Ober Kamenzen von 29 N. mit einem alten Schlosse. 83) Unter Kamenzen von 20 N. 84) Stankau, Stankow, ein Dorf von 32 N., wird von dem Marktflecken Stankau, der nach Chotieschau in den Pilsner Kreis gehöret, durch den Fluß Radbuza getrennet, und ist nebst der uralten 1766. wi.der einigermassen hergestellten Kirche zu St. Egidius Ab., noch mit einer Pfarrkirche unter dem Namen des heil. Ap. Jakob des Gr. versehen, die schon auf

das

Klattauer Kreis.

das Jahr 1384. als Pfarrkirche vorkömmt. In den sämmtlichen Dörfern, die zu diesen Kirchspiel gehören, herrschet die böhmische Sprache. Solche sind: 85) Strchlowa, Schrchleba, Strchleb mit einem Meyerhofe von 8 N. 87) Tschirm von 18 N. 88) Lobowtschitz von 23 N. 89) Lobowa von 45 N. 90) Weißmühle und 91) Paseka sind Mühlen von 3 N. 92) Wranowa, Franowa von 20 N. 93) Brzenowa von 21 N. 94) Putzlitz von 39 N. mit einem Schlosse. Folgende Dörfer gehören in andre Kirchsprengel, und sind deutsch. 95) Klein-Malowa von 14 N. 96) Wewrowa, Webrowa mit einem Schlößchen, einem landtäflichen Meyerhofe, einem freyen Fiskalhofe, und einer 1715. auf die Veranstaltung des Hrn. Leopold Jos. Lindenthaler von Sternthal aufgeführten öffentlichen Kapelle unter dem Namen der heil. Dreyeinigkeit von 14 N. 97) Worobicz, Worowicze von 21 N., liegt hinter dem sogenannten Walde Czerrana. 98) Dobrowa von 13 N. 99) Podrasnicz von 12 N. mit einem Meyerhofe. Nähe daran stößt ein großer Thiergarten, der sich in Umkreise auf eine Stunde weit erstrecket. Hier werden wilde Schöpsen, und viele Damhirschen gezieglet.

100) Sembostschitz, Sembschitz steht auf der Karte unter dem Namen Semeschitz, und zählet 22 N. Nicht ferne von dannen sind einige Mauern und Gräben von einem verfallenen Schlosse zu sehen. Die Stadtgemeinde in Teinitz, der dieser Grund gehöret, bauet

te;

te daselbst erst vor wenigen Jahren einen kleinen Hof.
101) Podiebus, Podiessus von 24 N. liegt unter dem Dorfe Tschirm, und ist böhmisch.

Allodialherrschaft Merklin sammt dem Gute Jeschow, und Ptenin.

Merklin gehörte ehedem den Rittern von Merk: lin a). Nachdem gelangte diese Herrschaft laut einer noch heut zu Tage vorhändigen Handschrift im Jahre 1595 vom Adam edlen v. Rziczan käuflich an Wolfgangen v. Rzican. Dann fiel selbe dem Johann Grafen v. Gräffenburg b), bald darauf den Grafen Berthold, und Franz Ignaz Nowohradsky v. Kollowrat, und letzlich dem Ritter Anton Friedrich Conwarz v. Watterfortzu, von dem selbe das gräfl. Morzinische Geschlecht im Jahre 1728 käuflich übernommen hatte. Der jetzige Besitzer Peter Veit Reichsgraf v. Morzin des heil. Stephansordens Ritter, Sr. k. k. ap. Majestät wirklicher geheimer Rath und Kämmerer hat Ptenin sammt Jeschow nach dem Hintritte seines Vaters Ferdinand erblich übernommen, Merklin aber von seinem Bruder Ferdinand Johann käuflich an sich gebracht. Der gemeine Landmann, bey dem hier die böhmische Sprache den Vorzug hat, befördert seine Nahrung theils durch einen geringen Viehhandel, theils durch den Ackerbau, der nach Beschaffenheit der

Ge-

a) Balbin Misc. L. 3. c. 4.
b) Hammerschm. Pr. Gl. Pr.

Gegenden bald der zweyten, balbder dritten Klasse beygerechnet wird. Einige der hiesigen Leute wissen auch auf eine sehr leichte Art eine große Menge Ameiseneyer zu sammeln, die sie bis Prag und Wien abliefern. Her gehören:

1) Merklin, Merklin, eine vom B. Leopold im Jahre 1695 mit 3 Vieh- und Waarenmärkten privilegirte Stadt, zählet 116 Häuser, führt im Wappen ein durch eine Queerlinie getheiltes Schild, darauf unten verschiedene Blumenzüge, oben aber ein aufrecht stehender Pfauenschweif vorgestellet wird, mit dieser Randschrift: Sigillum civitatis Merklinenfis 1622, und liegt fast mitten zwischen Pilsen und Klattau an dem Bache Merklinka, der nicht ferne von hier aus mehrern Teichen entsteht, und bey Stab in die Radbuza fällt, zwey Meilen von Pilsen und Klattau, und 15 Meilen von Prag westsüdwestwärts entfernt. Nebst dem herrlichen Schlosse, darunter ein ansehnlicher großer Teich situiret ist, kömmt hier noch anzumerken die hiesige Pfarrkirche zu St. Nikolaus B., die schon 1384 und 1410 mit eigenem Pfarrer versehen war c). 2) Wotieschitz, Wotiefficze von 39 N. mit einer kleinen Kapelle zu St. Adalbert 3) Bukowa mit einer öffentlichen St. Georgikapelle, die 1384 mit eigenem Pfarrer versehen war, dann 4) Klauschow, Klauffow, und 5) Elkerten, Lhora sämmtlich von 62 N. 6) Biadl, Wiadlo, mit einer

---

c) L. L. Erect. Vol. 9 I. 6

ner öffentlichen St. Laurenzikapelle 7) Czelaken, Czelaskow sammt 8) Neuhäusel von 33 N. 9) Semeticz von 33 N.

10) Soblekur von 48 N. 11) Jeßhow, Gezow, so 1719 sammt Ptenin dem Grafen Siegmund Valentin Hrzan von Harras zugehöret hatte, d) und 12) Kameno, Kamenow sämmtlich von 46 N. 13) Przedin sammt dem 14) zerstückten herrschaftlichen Meyerhofe Biczow von 27 N. 15) Bscheniz, Brzenicze von 25 N. 16) Streyczkowicze von 39 N., davon 4 nach Chudenicz gehören 17) Hayhoff, Haga ein Meyerhof 18) Ptenjn mit einem Schlosse, so nach der Schlacht am weißen Berge dem H. Bohuslaw Widersperger konfiskiret, und 1624 an dessen Ehewirthinn Anna Widersperger um 13810 Sch. 47 Gr. 4 d. abgetreten wurde, e) zählet sammt 19) Augezdl, so auf unserer Karte unter dem Namen Augestez vorkömmt, 60 N. 20) Birschkau, Birzkow, Brsskow sammt 21) Wolkow von 38. N.

Allodialherrschaft Roth oder Kron Poritschen, sonst Porzicz genannt.

Gehörte gegen die Mitte des sechzehnten Jahrhunderts dem Hrn. Christoph von Raupowa, der 1569. dem prager Landtage beygewohnet hatte. Bald darauf gelangte diese Herrschaft an den Herrn Niklas Schö-

d) Hammerschmied Pr. Gl. Pr.
e) MS.

Schütz von Drahenitz. Zu gleicher Zeit hielt das hier nahe anstossende Gut Borow ein gewisser Herr mit Namen Kocz (Goß) im Besitze. Beyde diese Herren waren sehr reich, und besaßen ein ungemein großes Vermögen. Daher entstand bey unsern Vorfahren folgendes Sprichwort: Pan Kocz ma peniez mocz, Pan Oficz ma gesstie wicz. (Der Herr Goß hat viel Geld, der Herr Schütz aber noch mehr.) Nach der Schlacht am weißen Berge sind diese beyden Güter an den königl. Fiskus gezogen, und 1623. den 19. August an den Freyh. Philipp Adam von Kronberg um 84802. Sch. 21 Gr. 2 dj. käuflich abgetreten worden a). Nach dem Verlauf einiger Jahre gelangte diese Herrschaft an den berühmten General Grafen von Hauben, der sie mit dem neu erkauften Gut Kupau erweitert, und nach seinem Tode, der ihn bey Peterwaradein überfiel, wo er 1717. von den Türken in Stücken gehauen wurde, seiner Tochter, der vermählten Gräfinn Franziska Augusta Törring von Jettenbach erblich verschrieben hatte. Als nun aber auch die gleich gemeldte Gräfinn mit Tode abgieng, brachte der Prinz Klement aus Bayern diese Herrschaft käuflich an sich, und auf solche Weise gelangte endlich Potirschen von dem Churhause aus Bayern erblich auf Karl Augusten Herzog von Zweybrücken, und dann 1784. käuflich an den jetzigen Besitzer Christian August Fürsten zu Waldek. Der böhmische Landmann suchet hier seine Nahrung in einem

z) MS.

nem mißlichen Feldbaue. Vor einigen 30 Jahren legte zwar die oben erwähnte Gräfinn Franziska Törring hier einen Hochofen an, nachdem man aber hierzu mehr als um 12000 fl. Holz aus den Wäldern verbrauchet, und keinen beträchtlichen Nuhen hieraus gezogen hatte, wurde man bemüßiget nach sechs Jahren davon wieder abzustehen. Her gehören:

1) Bron oder Roth Poritschen, cžerweny Poržicž, ein Dorf mit einem schönen Schlosse, und einer auf die Veranstaltung der Gräfinn von Hauben geboh. von Hollstein niedlich erbauten öffentlichen Kapelle unter dem Namen des Herz Jesu, liegt an der Auhlawa und zählet sammt 2) Bisela 48 N. 3) Przestowicz, Brzestowicze, Wrzestowice, von 45. N. mit einer Pfarrkirche unter dem Tit. des hl. Johann Taufers, die schon auf das J. 1384. und 1391. mit eigenem Pfarrer besetzt war. g) Sie ist 1593. durch den prager Erzbischof Zbinko Berka feyerlich eingeweihet worden. Man liest in den hiesigen Kirchenbüchern, daß im sechzehnten Jahrhundert in einer Zeitfrist von 30 Jahren, 29 Pfarrer dieser Kirche vorgestanden sind, die aus Mangel eines hinlänglichen Unterkommens sich kaum ein Jahr daselbst aufgehalten haben. Dieses bewog endlich den gleich erwähnten Erzbischof die Patronen dieser Kirche dahin zu bereden, daß selbe die Einkünfte dieser Pfarrpfründe um ein Merkliches vermehret hatten. Nächst an der Kirche sind noch wenige Merkmale wahrzunehmen eines ehedem

h) LL. Erect. Vol. 4. Q. 2.

dem festen, itzt aber verfallenen Schloßes, ehemaligen Rittersitzes der Hrn. von Wrzeskowicz. Hier ist auch ein mineralischer Gesundbrunn, den man insgemein den Silberling oder Strzibrnicze nennet.

4) Kupau, Kaupow ein Flecken mit einer St. Annakapelle, und einem ehedem sehr festen, jetzt aber schon stark eingegangenen Bergschloße, ehemaligen Stammhauſe der Herren von Kupow. Nachdem dieſes Geſchlecht erloſchen war, gelangte dieſes Gut an die Grafen v. Klenau und Janowicz, aus welchen Wilhelm der ältere 1615. dem prager Landtage beygewohnet hatte. In dem oben erwähnten Schloße war noch im vorigen Jahrhunderte ein Ofen, der tauſend Thaler gekostet haben soll, und daran alle Wappen des ſämmtlichen Geſchlechts der Freyherren von Kaupow mit gutem Golde belegt zu ſehen waren. Heut zu Tage trift man hier noch einen tief in Felſen gehauenen Brunnen an, und einen ſehr hohen Kamin mit Fenſtern, der die ganze Kuchel bedeckt. h) Dieſer Flecken liegt 15. Meilen von Prag, und 1/2 Stunde von Merklin ſüdoſtwärts entfernt, und zählet ſammt den herrſchaftlichen Meyerhöfen

5) Horuſchen, Horauſchen und 6) Idaras 59 N. 7) Neuhof ein kleiner Hof. 8) Miſticz von 4 N. 9) Borow mit einem Schlößchen von 39 N. 10) Unter Nezdicz von 14 N. 11) Ober Nezdicz, wo noch wenige Merkmale eines eingegangenen Schlößchen zu ſehen

h) Balbin Miſc. L. 3, c. 4. & 8. Hiſt. S. I. P. 4. L. 2.

hen sind, sammt 12) Laupenker Häusil von 11 N.; zu Nezdicz ist auch eine Kirche zu St. Prokop, die schon auf das J. 1398. vorkömmt, i) sie ist auf die Veranstaltung der Gräfinn Franziska Törring ganz neu wieder hergestellet worden.

13) Gino v. 18 N. 14) Tyrol oder Strzepsko v. 13 N. 15) Balischtie, Balistie v. 12 N. mit einem Meyerhofe. 16) Kokschin v. 24 N. 17) Groß-Strzebitschen v. 21 N. 18) Klein-Strzebitschen, Strzebicz v. 22 N. 19) Bezdiekau, Bezdiekow v. 3 N. 20) Großhras, Welka Hraz v. 7 N. 21) Rudicze einschichtige Schäferey. 22) Groß-Medanicz v. 22 N. 23) Klein-Medanicz, Medanječek v. 11 N.

24) Bell v. 40 N. mit einem Meyerhofe, und einer Pfarrkirche zu Allen-Heiligen, die zwar schon im J. 1384. 1388. 1393. 1394. und 1398. mit eigenem Pfarrer besetzt war k), während der hussitischen Unruhen aber, ist selbe ihres zeitlichen Vorstehers beraubt, dann nach Schwihau einverleibt, und erst 1753. neuerdings mit eigenem Seelsorger versehen worden. Links an dem hohen Altare sind zwey Wappen abgeschildert mit folgender Aufschrift: Adam Philipp Graf von Kronberg der röm. kaiserl. Majestät, und Churfürstl. Durchlaucht in Bayern General

i) LL. Erect. Vol. 12. k. 11.
k) LL. Erect. Vol. 12 B. 14. Vol. 4. B. 7. Vol. 12. E. 17. Vol. 5. L. 2. Vol. 1. D. 4.

ral Wachtmeister, und Obrister zu Pferd. 1635. Maria Sydonia Gräfinn von Kronberg, gebohrne Gräfinn zu Falkenstein. Bey dieser Kirche wird auch ein sehr großer von Stein gehauener Taufbrunn aufbewahret, der allem Ansehen nach noch von jenen Zeiten herrühret, wo man noch durch die Eintauchung getauft hatte. 25) Wossy v. 9 N.

Gut Malinecz.

Gehöret dem Ritter Maximilian v. Harnach. Her gehören:

1) Malinecz v. 27 N. mit einem neuen Schlosse, welches an der Stelle des, vor etlich und dreyßig Jahren eingeäscherten Schlosses, erbauet worden ist.

2) Meczkow, Meczkow mit einem herrschaftlichen Meyerhofe v. 10 N., davon etwas nach Schinkau gehöret, so die Grafen v. Wrtby vor 25 Jahren von den Freyherren Tunkel käuflich an sich gebracht haben.

Gut Prżichowicz.

Gehörte ehedem den Hrn. Prżichowsky v. Prżichowicz a). Nach der Zeit gelangte selbes gegen das J. 1594. an den Hrn. Wock Schwihowsky Herrn an Prżesticz und Lużan, Hauptmann in Czaslauer

---

a) Balbin. Misc. L. 3. c. 4.

Zwölfter Theil. J

ſtauer Kreiſe b). Heut zu Tage hält ſelbes im Beſitze Wenzel Hennigar Freyherr v. Eberg, Sr. k. k. ap. Maj. wirklicher Kämmerer. Her gehören:

1) Prʒichowicʒ, Prʒichowicʒe v. 57 N. In dem nicht ferne von dannen gelegenen Schwarzen Walde ſind noch wenige Ueberbleibſel eines ehedem feſten Schloſſes zu ſehen.

2) Zaleſy ſammt dem 3) Henigarhofe v. 10 N. 4) Buʒin v. 27 N. 5) Dobʒen ſammt dem 6) Agneshofe v. 16 N. 7) Ratkowicʒ, Radkowicʒe v. 32 N. 8) Hortſchitʒ, Horcʒicʒe, Horſſycʒe v. 43 N. mit einem Schloſſe, und einer Kirche unter dem Namen des heil. Ap. Mathias, die zwar 1384. mit einem Pfarrer beſetzt war, jetzt aber wird ſelbe von einem Adminiſtrator verſehen. Dieſes Gut gehörte zu Anfang des vorigen Jahrhunderts dem Hrn. Hinck Horcʒicʒky, wurde aber nach der Schlacht am weißen Berge um 3094. Sch. Gr. abgeſchätzt, und an den königl. Fiskus gezogen. 9) Dolek v. 9. N.

Gut Luʒan.

Gehörte im ſechzehnten Jahrhunderte den Hrn. Schwihowſky, wie wir ſchon bey Prʒichowicʒ gemeldet haben. Der jetzige Beſitzer hiervon iſt der Herr Karl Joſeph v. Altvater. Her ſind einverleibt:

1) Luſchan, Luʒany mit einem Schloſſe, ʒählet 46 N., und liegt an dem Fluſſe Auhlawa 15 Meilen

von

---

b) Balbin. Boem. Docta P. 2 p. 169.

von Prag, und ¼ Stunde von Pržestitz südwärts entfernt.

2) Lange Wiesen v. 8 N. 3) Skocžicž v. 50 N. Hier ist noch ein Graben und verfallene Mauer eines ehedem festen Schlosses zu sehen.

4) Zeleny nicht Seleni v. 27 N., davon 12 nach Roth-Poritschen gehören. Dieses Dorf leidet einen großen Mangel am Wasser. 5) Wlcžy v. 25 N. mit einem Meyerhofe.

Kammeradministrationsgut
Scherowitz.

Gehörte zu Anfang des funfzehnten Jahrhunderts dem Benediktinerstifte zu Kladrau im Pilsner Kreise; allein während der hussitischen Unruhen wurde dasselbe diesem Kloster entrissen, bald darauf aber 1420. vom K. Siegmund an Johann v. Rizmburg, und dessen Bruder Wilhelm sammt dem Hofe Sobiekur um 1271. prag. Groschen verpfändet a). Gegen die Mitte des sechzehnten Jahrhunderts hielt selbes Albrecht Graf von Guttenstein im Besitze, der 1549. dem präger Landtage beygewohnet hatte. Nicht lange darauf gelangte selbes an die Hrn. Schwihowsky, und zu Ende des verflossenen Jahrhunderts fiel selbes den Grafen v. Bubna zu, von welchem selbes das Kladrauerstift wieder käuflich an sich gebracht hatte. Nachdem aber das gleich erwähnte Stift 1785. aufgehoben wor-

a) Urkunde apud Paprocky.

worden, wurde dieses Gut sammt Kladrau an den Religionsfond im Königreiche Böhmen gezogen. Auf den sämmtlichen von Malinecz bis jetzt erwähnten Gütern herrschet die böhmische Sprache, und der gemeine Landmann suchet seine Nahrung in einem mittelmässigen Ackerbaue. Her gehören:

1) Scherowicz, Žerownicz v. 45 N.

2) Pržesticz, Pržessticzc, Pržesezicz ein Flecken, liegt an dem Flusse Auhlawa 15 Meilen von Prag, und ½ Stunde von Lužan und Unter-Lukawecz entfernt, und ist mit einer 1775. ganz neu wieder auf die Veranstaltung des Abtes Amand Streer hergestellten Kirche unter dem Tit. Marienhimmelfahrt versehen, bey welcher vor den hussitischen Unruhen eine Benediktinerprobstey errichtet war b). Auch dieser Flecken kann sich billig mit den gelehrten Männern Sebastian Aerichalcus (Mosazny), und Johann v. Jaworzicz rühmen, die hier das erste Licht erblickt, und an der hohen Schule zu Prag öffentliche Lehrstühle betreten haben c). Dieser Flecken zählet sammt

3) Pohorž oder Pohorsko 206 N.

4) Wiczow, ein Jägerhaus und eine Pfarrkirche unter dem Tit. des heil. Ambrosius B., die schon 1384. mit eigenem Pfarrer besetzt war. Heut zu Tage wohnen die Pfarrer in Pržesticz.

Allo-

---

b) Neplacho LL. Erect. Vol. 1. A. 2. Balbin. Misc. L. 5. p. 46. & L. 4. §. 96.

c) Balbin. Boemia Docta P. 2. Lupac. 20. Novemb.

Allodialherrschaft Unter = Lukawecz
sammt den einverleibten Gütern Rencz und Secz.

Gehörte zu Anfang des funfzehnten Jahrhunderts dem Hrn. Johann Lukawa von Lukawicz a). Bald darauf gelangte selbe an die Hrn. Zub von Landstein, aus deren Geschlechte Nikolaus auf das Jahr 1496 und Wilhelm auf das Jahr 1493 als Besitzer von dieser Herrschaft bey dem Paproczky vorkommen. Im Jahre 1512 hielt selbe Wenzel Wythowsky von Swinarz b), und zu Anfang des siebenzehnten Jahrhunderts Joachim Ladislaw Laubsky im Besitze; als aber nach der Schlacht am weißen Berge die sämmtlichen Güter des letzt genannten Besitzers an den königlichen Fiskus gezogen wurden, brachte er selbe wiederkäuflich an sich, und trat selbe endlich an das gräfl. Morzinische Geschlecht ab. Bey dieser Familie blieb diese Herrschaft bis auf das Jahr 1780 den 21 Oktober, in welchem selbe der jetzige Besitzer Karl Friedrich Reichsgraf von Hatzfeld zu Gleichen, edler Herr zu Wiltenberg, Ritter des goldnen Vließes, und Großkreuz des St. Stephanlordens, Sr. k. k. ap. Maj. wirkl. geheim. Rath, und dirigirender Staatsminister in inländischen Geschäften von dem Reichsgraf Karl Jo-

---

a) LL. Erect. Vol. 7. O. 3.
b) Urkunde in Diplomat. Waldsteinia Wartenberg a Gelas. Mon. T. I. p. 267.

Joseph Morzin um 425000 fl. übernommen hatte. Der Landmann spricht hier [böhmisch], und befördert seine Nahrung durch den Ackerbau. Her gehören:

1) Unter=Lukawecz, dolegſſy Lukawecz von 79 N. mit einem schönen Schloſſe, darinn eine unter dem Namen des heil. Johann von Nep. 1730 angelegte, und den 12. Sept. n. J. durch den leutmeritzer Biſchof Johann Adam Grafen Wratiſlaw von Mitrowicz feyerlich eingeweihte Kapelle zu ſehen iſt, die von einem Lokalkapellan adminiſtriret wird. Der herrſchaftliche Luſt= und Ziergarten iſt hier zur Zeit der Grafen Morzin nach der Angebung des Hrn. Johann Ferd. Schor, öffentlichen Lehrer der Ingenieurkunſt in Prag angelegt, und durch die berühmten Bildhauer Lazar und Quiteiner mit vielen künſtlich aus Stein gehauenen Bildſäulen gezieret worden. Die hieſige Pfarrkirche unter dem Tit. der heil. Ap. Peter u. Paul war ſchon 1384 und 1407 mit eigenem Seelſorger beſetzt c), und iſt 1684 und 1734 wieder erneuert worden.

In dieſer Kirche iſt das Herz des Grafen Ferdinand Morzin, und Maria Franziſka Fräulein Reiſky von Dubnitz beygelegt. Hier, dann bey Ober=Lukawecz, und Schnapautz ſind ſchöne Faſengärten angelegt. Dieſes Dorf liegt an der Auhlawa 15 Meilen von Prag, und ¼ Stunde von Przeſtitz, nordwärts entfernt 2), Dneſchitz, ſo auf der Karte unter dem Namen Neſchnitz vorkömmt, von 41 N. mit

---

c) LP. Erect. Vol. 7. O. 3.

Klattauer Kreis.

mit einer Pfarrkirche zu St. Wenzel M., die schon 1384 mit eigenem Pfarrer besetzt war.

3) Chlumtschan, Chlumczany, ein Dorf mit einem eingegangenen Schlosse von 51 N., und einer an dem nächst anstossenden Berge 1749 auf die Veranlassung des Grafen Ferdin. Fr. Morzin aufgeführten schönen Kapelle, unter dem Namen Marien Hülf. Im Jahre 1448 gehörte dieses Gut dem Hrn. Heinrich von Miczan und Sulisławicz a).

4) Lischitz, Lissicze von 32 N. 5), Schna, paurz von 25 N. 6) Chlum von 34. N. 7). Setsch, Secz von 46 N. mit einem alten Schlosse, so jetzt statt eines Getreidkastens dienet, und einer 1740 auf die Veranstaltung des Grafen Ferdinand Morzin ganz neu wieder hergestellten Pfarrkirche unter dem Namen Marien Himmelfahrt.

8) Hay, Hage von 22 N. 9) Wosek von 24 N.

10) Bnjha, Bnjby von 13 N. 11) Rentsch, Rzenecz von 36 N. mit einem verfallenen Schlosse. 12). Libaken, Libakowicze von 31 N. 13) Letjn v. 48. N. mit einer Pfarrkirche zu St. Prokop Ab., die schon 1384 mit eigenem Pfarrer besetzt war, und einem Gesundbade. Zu größerer Bequemlichkeit der Badgäste ist das 1700 durch Karl Johann Freyherrn von Pikard erbaute Schlößchen in ein Badhaus 1766 verwechselt worden.

14) Chbelnicz von 21 N. 15) Plewniow v. 14 N. 16) Wodokrt von 30 N. 17 Kraschawecz von 24 N.

Ma-

a) Paprocky de Statu Dom.

Majoratsherrschaft Hradischt.

Als der ehemalige Besitzer dieser Herrschaft Adauct Freyherr v. Vgezd, dessen wir schon im Prachiner Kreise bey der Herrschaft Brzeznicz S. 64. erwähnet haben, zu Anfang des jetzigen Jahrhunderts mit Tode abgieng, verschrieb er diese Herrschaft den Reichsgrafen v. Kollowrat. Von dieser Zeit an blieb Hradischt bey diesem gräflichen Geschlechte bis auf den jetzigen Besitzer Joseph Maria Krakowsky Reichsgrafen v. Kollowrat, Sr. k. k. ap. Maj. wirkl. Kämmerer, der selbes nach dem Hintritte seines Vaters Prokop im J. 1774. erblich übernommen hatte. Der hiesige böhmische Landmann suchet seine Nahrung hauptsächlich in dem Feldbaue, und treibt zugleich mit dem Borstenvieh einen starken Handel nach Sachsen und Bayern. Her gehören:

1) Hradischt, Kameny Hradisstie mit einem 1775. auf die Veranstaltung des jetzigen Besitzers wieder neu hergestellten Schlosse, liegt an dem Flusse Bratawa oder Bradawka, 14 Meilen von Prag, und 1 Stunde von Brennten-Porzicz westsüdwärts entfernt, und zählt sammt 2) Bauschow, 3) Ladomierz, und 4) Habrzy 47 N.

5) Blowicz, Blowicze, Plodicze ein Flecken v. 131 N., liegt ¼ Stunde von Hradischt südwärts, und ist nebst einer mitten auf dem Markte erbauten St. Margaretenkapelle, auch mit einer Pfarrkirche unter

dem

dem Namen des heil. Johann Ev. versehen, die schon auf das J. 1383. als Pfarrkirche vorkömmt a).

6) Jdomiflicz v. 45 N. mit einer öffentlichen Kapelle zu St. Wenzel M., die 1384. mit eigenem Pfarrer besetzt war.

7) Wildstein, Wyldstein, Willstein, wo vor zwanzig Jahren eine Peststazion war, mit einem ehedem festen, jetzt aber verfallenen Bergschlosse, welches 1421., da selbes Elisabeth Udalrichs v. Rosenberg Mutter im Besitze hielt, von Zizka erobert wurde. Bald darauf gelangte dieses Schloß gegen das J. 1432. an die Herren Jahradka, und letzlich an die Hrn. v. Kocz, zu deren Zeit Jakob Wrzezowsky von Bilin selbes 1444. nächtlicher Weile überfallen, zerstöret, und die Söhne des Hrn. Jbinko v. Kocz mit sich nach Tabor gefangen abgeführet hatte b). Dieses Dorf zählet sammt 8) Chlumanek 21 N.

9) Chauzow v. 10 N. 10) Stitow v. 29 N. 11) Struharz v. 35 N. 12) Lhotka sammt 31) Smrdow, und 14) Augezd oder Augezdecz v. 45 N. 15) Mechanicz v. 19 N. 16) Launowa v. 30 N. 17) Zdiar v. 20 N. 18) Zdirecz sammt 19) Mitti v. 35 N. 20) Wlczicz sammt 21) Hutie (Hütten), wo ehedem ein Eisenbergwerk war, und 22) Kag v. 57 N.

Allo-

---

a) LL. Frect. Vol. 2. C. 4.
b) Barrossius a Gelas. Mon. T. 1. Cont. Pulkavae ibidem Monum. T. 4. Lupac. 3. Febr. Paprocky. Balbin. Misc. L. 3. c. 8.

Allodialherrschaft Grünberg.

Allem Ansehen nach gehörte ein Theil dieser Herrschaft im zwölften Jahrhunderte den Cisterziensermönchen, welche gegen das J. 1153., obgleich der Namen des Stifters uns unbekannt blieb, aus Eborach berufen, und am Fusse des genannten Grünbergs gestiftet worden sind a). Als aber Zizka im J. 1420 die hier versammelten Ordensmänner überfallen, dieselben mit vieler Grausamkeit behandelt, das Kloster aber verwüstet und zerstöret hatte b), blieben die Güter dieses abgeschaften Klosters eine Zeit lang bey der königl. Kammer, bis selbe endlich an den Hrn. Zdenko v. Konopischt und Sternberg, ob aber käuflich, pfandweis, oder auf eine andere Art, ist unbekannt, gekommen sind. Aus dem Geschlechte dieser Hrn. v. Sternberg, welche die Herrschaft Grünberg nach und nach durch die Ankaufung verschiedner andern anstossenden Güter um ein merkliches erweitert haben, kommen bey unsern Schriftsteller folgende vor: Zdenko, dessen wir schon oben erwähnet haben, auf das J. 1466. c). Adam Herr auf Bechin und Grünberg, Oberstburggraf im Königreiche Böhmen, auf das

a) Gelas. Dobner Hist. T. 6. Bruschius. Neplacho A. 1130. Jongelius in Notitia Abbatiarum Ordinis Cisterciensis a Anno 1146.
b) Balbin. Epitome L. 4. c. 7. Berghauer in Protomart. P. I.
c) Contin. Pulakavae.

Klattauer Kreis.

das J. 1549. 1554. 1616. und 1638. wo er den 11 Apr. mit Tode abgieng d). Franz Karl Herr auf Bechin und Grünberg auf das J. 1638. e), wurde bald darauf in den Grafenstand erhoben f) Wenzel Adalbert Graf v. Sternberg, Herr auf Grünberg, Dürrnholz, Graupen, Sedlecz, Horaždiowicz und Kleczan, Oberstlandeshofmeister in Böhmen, und dann Oberstḥofmarschall, auf das J. 1657. 1687. und 1704. g). Franz Leopold Graf v. Sternberg, Sr. k. k. Maj. wirkl. geheim. Rath, Kämmerer, und königl. Statthalter im Königreiche Böhmen auf das J. 1712. h), der diese Herrschaft gegen das J. 1734. an Adolph Bernarden Grafen v. Martinicz käuflich abtrat. Nach dem Hintritte des gleich gemeldten Adolph gelangte die Majoratsherrschaft ▬▬▬▬ an Michaeln Grafen von Martinicz, die ▬▬▬▬ Grünberg aber ▬▬▬▬ Martinicz erblich zu. Aber auch diese segnete 1784. den 4. Juny das Zeitliche, und setzte den jetzigen Besitzer Franz Gundakern Fürsten v. Bolloredo Mannsfeld zum Erben dieser Herrschaft ein. Die böhmische Sprache hat bey dem hiesigen gemeinen Landmanne den Vorzug, obschon auch viele der ▬▬▬ Sprache kundig

d) Hammerschmid Pr. Gl. Pr. ex Tabulis regni. Prag. Landtag. Hist. S. J. P. 3. L. 3.
e) Hist. S. J. P. 4. L. 2.
f) Berghauer in Protomart. P. 1.
g) Hammerschm. l. c. & Hist. Klattoviensis.
h) Balbin. Boemia Docta P. 3. p. 74.

kündig sind. Ein mittelmäßiger Ackerbau und die Schafzucht ist der einzige Nahrungszweig der hiesigen Einwohner. Her gehören:

1) Grünberg, Jelena Hora, Mons viridis, ein ehedem sehr festes Bergschloß, welches vor Erbauung des Karlsteiner Schlosses zur Aufbewahrung der königl. Krone gedienet haben soll, mit einer großen und ansehnlichen Marienkirche, die von einem Lokalkapellan administriret wird, und darinn nächst an dem hohen Altare ein Stein aufbewahret wird, auf welchem der heil. Adalbert, als er von Rom wieder zurückkam, und Böhmen von dem Kirchenbanne lossprach, soll gestanden seyn, und den Segen über Böhmen gesprochen haben. Der fromme ███████ ██████it Chanowsky, ungeachtet ihm ██████ ██████ ██████ ███████, ███ █████████ ██ Büchelgen ██ ███████ den Gelehrten einräumen █████, fand alsbald auch an diesem, so wie an mehrern andern Steinen, deren wir schon hie und da erwähnet haben, ein merkliches Zeichen, daß dieser Stein dem oberwähnten Bischofe aus Böhmen zu einer Ruhestelle gedienet habe. Wir wollen diese ██████████████████ ein wenig genauer prüfen, und aus einander legen. Die Lebensgeschichte dieses in der That frommen, und keineswegs scheinheiligen ████ schofs ist vom Hagel und allen denen, die ihm hierfalls

i) Balbin Mile. L. 3. c. 99.

falls treulich nachgefolget haben, sowohl im Betreff der Chronologie, als auch der übrigen Begebenheiten ungemein verunstaltet worden. Wir wollen hier nur einige Gegenstände berühren, das übrige wollen wir bis zur Beschreibung der Stadt Prag verschieben, wo wir bey Anführung der prager Bischöfe neuerdings die Gelegenheit haben werden ein mehreres hiervon zu sprechen. Hagek, dem sowohl an einer genauen Kenntniß der wahren Lebensumstände dieses frommen Bischofs, als auch an ächten Quellen, woraus er selbst hätte holen können, gemangelt hatte, setzet dessen ganzen Lebenswandel fast um vierzehn Jahre eher an, läßt ihn schon auf das J. 969. zum prager Bischof weihen, da er doch zu solcher Zeit kaum das vierzehnte Jahr seines Alters erreichet hatte. k); schickt ihn auf das J. 959. nach Wälschland, da uns doch aus den fast gleichzeitigen Chronisten ganz wohl bekannt ist, daß er im J. 972., als er ohngefähr im sechzehnten Jahre seines Alters war, nicht nach Wälschland, wohl aber nach Magdeburg die höhern Wissenschaften zu erlernen von seinen Eltern sey verschicket worden l); läßt Adalberten zu Verona auf das J. 969., da er schon die zwey größern Weihungen bevor empfangen hatte, durch den Magdeburger Erzbischof Albert, der aber

er

k) Acta SS. ad 28. April. in Comment. praevio. Gelasium Hist. T. 4. p. 111.

l) Acta SS. l. c. Cosmas Prag. ad A. 969. & Vit. S. Adalberti a Gelas. Mon. T. 2. p. 15. & apud Mabill. Sec. V. Bened. p. 850. N. 4.

erst im J. 983. mit dem Kaiser Otto II. dahin gereiset war, wider die angenommenen Gebräuche der lateinischen Kirche, und dieß zwar schon zum drittenmal firmen m); da wir noch aus den ältesten Biographen ganz sichere Nachrichten haben, daß unserm Adalbert schon im fünften Jahre seiner Jungend von dem oben erwähnten Magdeburger Erzbischofe in Böhmen, und durch ein Versehen abermal im sechzehnten Jahre seines Alters, da er zu Magdeburg angekommen war, von eben diesem Erzbischofe das heil. Sakrament der Firmung mitgetheilet, und der Namen Adalbert, da er ehedem Wogrich hieß, beygeleget worden sey n). Hagek, dem auch die spätern Biographen der heil. Prokop und Johann v. Nep. in gleichen Fällen ganz ämsig nachgeahmet haben, schildert ferner diesen mitleidigen und sanftmüthigen prager Bischof Adalbert als einen Mann, der sich von einer überälten Strenge, Rachgier, und Wankelmüthigkeit dergestalten hinreißen ließ, daß er oft wegen einer geringen Beleidigung, mit der man ihm begegnet hätte, die sämmtlichen Viehhirten zu Milawecz mit einer immerwährenden Taubheit, die Einwohner der Dörfer Neratowicz und Prerau aber mit einem steten Mangel an Brod auf ewige Zeiten bestraft, sein Bistum fünfmal verlassen, und ganz Böhmen mit einem Kir-

chen-

m) Cosmas ad A. 969. Apud Mabillon. Sec. V. Bened. p. 852. Annalista Saxo ad A. 982. Gelas. Hist. T. 4. p. 187.

n) Biographus in Actis SS. ad 23. April.

chenbann belegt haben sollte, worauf, wie abermal Hagek spricht, eine dreyjährige Dürre, die alles zu Grunde richtete, erfolget war.

Sollten nun diese Berichte unsers Hagek gegründet seyn, so könnte man ganz billig auf solche Gedanken verfallen, die uns Adalberten nicht zu seinem besten Vortheil, sondern als einen Mann schildern würden, der sich von den thierischen Leidenschaften ganz leicht überwältigen ließ, und sich die Worte unsers Heilands: Liebet euere Feinde, thut Gutes denen, die euch hassen, und bittet für die, welche euch verfolgen und beleidigen; auf daß ihr Kinder seyd eures Vaters, der im Himmel ist, welcher seine Sonne über die Guten und Bösen aufgehen, und über die Gerechten und Ungerechten regnen läßt, nur allzu wenig zu Nutzen gemacht habe. Allein zu gutem Glücke weis man aus bewährten Schriftstellern, daß diese sämmtlichen Erzählungen unsers Hagek, der sich so mannigfältig selbst wiederspricht, falsch, irrig, und ohne allen Grund sind. Was die Strafe der Hirten zu Milawecz, und der Einwohner des Dorfes Neratowicz und Prerau anbelangt, haben wir schon anderwärts widerlegt. Daß unser Adalbert ein sanftmüthiger und mitleidiger Bischof gewesen war, läßt sich ganz füglich hieraus schliessen, weil er, wie Hagek auf das J. 973. selbst bekennet, dem wider die Heiden in Böhmen höchst aufgebrachten Herzog Boleslaw II. eingerathen, diese irrigen Schafe keineswegs mit Gewalt zur Erkenntniß der christlichen Wahrheit zu zwingen, und sich

ent-

entgegen verpflichtet hatte, selben durch sanftmüthige und heilsame Lehren ganz andere Gesinnungen beyzubringen. Ja er gab sich so gar selbst im J. 994. als ein Opfer dar für eine adeliche Frau aus dem werschowezischen Geschlechte, die man eines begangenen Ehebruchs wegen nach dem zu solchen Zeiten üblichen Gebrauche zur Todesstrafe aufgesuchet hatte, n) und dankte Gott, als ihm bey der Uebersetzung des Flusses Ossa im pohlnischen Preußen von den unmenschlichen Schifleuten viele tödtlichen Wunden beygebracht wurden. o) Sind dieses nun Zeichen einer übertriebenen Strenge, oder Rachgier? Ich dächte wohl keines aus beyden. Eben so unbillig würde man handeln, wenn man zulassen wollte, daß unser Adelbert aus Wankelmuth fünfmal sein Bisthum verlassen habe. Hagek, dem es am bündigtlichen Stoffe mangelte, die Geschichte des zehnten Jahrhunderts fortzusetzen, verdoppelte einige Handlungen unsers Adalberts, und legte ihm die Verlassung seines Bistums auf das J. 974, 979, 982, 988, und 995. bey, da uns doch aus sichern Urkunden bekannt ist, daß Adalbert nur zweymal Böhmen verlassen, und sich von dannen nach Rom begeben habe, aus Ursache, weil die Böhmen die Vielweiberey in ihrem Lande eingeführet, viele

---

n) Biographus S. Adalberti in Actis Sanct. ad 23. April. a Gelas. Hist. T. 4. p. 386.

o) Dlugossus L. 1. et 2. a. Gelas. Hist. T. 4. p. 412. Hagek ad A. 996.

viele aus der Klerisey sich verheurathet, und manche Juden eine solche Menge christlicher Sklaven zusammen gekauft haben, die er auszulösen nicht im Stande war. p) Seine erste Auswanderung aus Böhmen ereignte sich, worinn die sämmtlichen Chronisten, welche die Sache ein wenig genauer untersuchet haben, übereinkommen, auf das J. 989., q) er kehrte aber im J. 992. auf die Veranstaltung des Pabstes Johann XV. in sein Vaterland wieder zurück, nachdem die Böhmen ein stetes Verlangen nach ihrem geistlichen Hirten getragen, und dieser Ursache wegen auch einige Abgeordnete um ihn nach Rom abgeschickt haben. Bald darauf aber, als im J. 994. Kochan Wrssowecz und mehr andere aus diesem Geschlechte das oben erwähnte ehebrecherische Weib, welches die gewünschte Freystätte in dem St. Georgikloster zu Prag gefunden hatte, mit Gewalt aus der Kirche reißen, und vor ihren Augen enthaupten ließen, legte Adalbert über das ganze wrschowetzische Geschlecht einen Kirchenbann, wodurch hernach große Mißhelligkeiten zwischen dem Slawniker und Wrschoweczer Geschlechte veranlasset wurden, und verließ Böhmen zum zweytenmal. r) Bald darauf im J. 995. versuchten die Böhmen ihren Bischof neuerdings

---

p) Biographus S. Adalberti. Acta SS. l. c. Mabillon. Saec. V. Bened. p. 854. & in notis in vitam S. Adalb.
q) Gelas. Dobner Hist. T. 4. p. 337.
r) Biographus apud Mabillon. l. c. p. 859. seq. Cosmas Prag. ad A. 1037. Annalista Saxo. ad A. 1000.

erdings zurück zu fordern, und baten den mainzer Erzbischof Villigisus, er wollte ihnen Adalberten, oder aber einen andern Bischof zuschicken, weil die Gegenwart eines solchen geistlichen Vorstehers für die neuangehenden Christen unentbehrlich nöthig wäre. Villigifus säumte nicht dem billigen Verlangen der Böhmen ein vollkommenes Genüge zu leisten, und brachte es endlich durch seine Veranstaltung bey dem Pabste Gregorius V. dahin, daß Adalberten, so sehr er sich auch darwider sträubte, die Rückreise nach Böhmen neuerdings anbefohlen wurde. s) Adalbert verließ zwar Rom noch in dem gleichgenannten Jahre, begab sich aber von dannen nach Maynz, und verschob seine Reise nach Böhmen bis auf das folgende Jahr. Als er aber im J. 996. die Gränzen Böhmens betreten, und während dem vernommen hatte, daß die Böhmen kein Verlangen mehr nach ihm trügen, sondern daß selbe statt seiner den Herzogs Bruder Strachquas zu ihrem Bischof gewählet, und seine sämmtlichen Blutsfreunde zu Libicz grausam getödtet haben, richtete er von dem nahe bey Taus gelegenen Dorfe Milawecz seine Reise ohne Verweilen über Ungarn nach Pohlen fort. t) Nun bleibt uns zu unsern Vorhaben nichts mehr übrig, als noch den über ganz Böhmen herabgedonnerten Kirchenbann

die

---

s) Cosmas ad h. a. Biographus apud Mabillon l. c. p. 860. 873.

t) Cosmas ad A. 995. Mabillon. l. c. p. 861. 868. Gelas. Hist. T. 4. p. 276. 418. sequ.

die darauf erfolgte, und durch ganze drey Jahre anhaltende Dürre, und letzlich den vom Adalberten gesprochenen Segen zu untersuchen. Hagek bekennet selbst auf das J. 973., Adalbert hätte den Böhmen mit einem Kirchenbann gedrohet, und im J. 974. wäre er nach Rom gegangen, um dort den römischen Pabst zu bitten, daß er die Böhmen, deren viele von der erkannten christlichen Wahrheit zu dem Götzendienst wieder zurück getreten sind, mit dem Kirchenbanne belege. Allein wo sind die sichern Urkunden eines solchen erfolgten Kirchenbannes? oder was würde wohl eine solche Kirchengewalt bey einem Volke, dessen größter Theil noch dem Heidenthume ergeben war, für eine Wirkung und Folge gehabt haben? Man trift von diesem allgemeinen Kirchenbanne nicht die geringste Spur an, weder in den ältesten oben angeführten Biographien, noch bey dem Cosmas, der doch den oben angeführten Kirchenbann, womit Adalbert die Werschowerzen belegte, auf das J. 1037. ganz fleißig angemerkt hatte. Selbst jener Kirchenbann, den Adalbert auf die prager Bierbräuer, die ungeachtet des im J. 988. allgemein herrschenden Getreidmangels dennoch Bier gebrauet haben, gelegt haben sollte, und davon sie der Pabst Innocenz VII. im J. 1406. auf das Anverlangen des K. Wenzel IV. mit diesen Bedingnißworten: wenn es dem also ist, wie man vorgiebt, losgesprochen hat, te, u) scheint wie man aus den gleich angeführten Wor-

---

u) Urkunde a Gelaf. Dobner. Hift. T. 4. p. 340.

ten ersehen mag, eine ungegründete Mundlehre gewesen zu seyn, die sich bey unsern Vorfahren gegen drey hundert Jahre fortgepflanzt hatte. Man weis auch, daß während solcher Zeit, da Böhmen diesem Kirchenbanne soll unterworfen gewesen seyn, der Bischof aus Meißen Volkoldus, was doch zur Zeit eines päbstlichen Interdikts bey uns nicht zu geschehen pfleget, so wohl zu Prag, als auch an andern Orten in Böhmen das hl. Meßopfer dargebracht, und andere bischöfliche Amtspflichten verrichtet habe. x) Allein Hagek wollte auch auf Kosten der Wahrheit jene Lücken, die er im widrigen Falle in seiner Chronick durch zwanzig Jahre würde gelassen haben, ausfüllen, darum schrieb er alle Mährchen, die man ihm in Betreff dieses frommen Bischofs erzählte, ohne sie ferner zu prüfen, fleißig nieder, vervielfältigte die Auswanderung Adalbertens aus Böhmen, erdichtete den wider ganz Böhmen gesprochenen Kirchenbann, ließ hierauf als nöthige Folgen eine drey Jahre hindurch anhaltende Dürre über Böhmen kommen, da doch Kosmas und Annalista Saxo nicht die bey Hageken angeführten Jahre, sondern das 988. 993. und 994. Jahr, wo unser Adalbert sich persönlich in Böhmen gegenwärtig befand, einer merklichen Unfruchtbarkeit beschuldigen; gab vor, daß während des Kirchenbannes noch viele andern namhaften Unglücksfälle den Böhmen beygestossen wären, da wir doch sicher wissen, daß selbe im J. 976. einen der herrlichsten Siege
wi=

---

x) Ditmarus L. 4. p. 348. Annalista Saxo.

Klattauer Kreis.

wider den Kaiser Otto II. erfochten haben, brachte zu eben dieser Zeit einen neuen Einsiedler mit Namen Brzimota auf die Welt, der schon ehebevor eine Marienkapelle auf dem Grünberg aufgeführet, und Adalberten, der doch, wie wir schon oben gesehen haben, bey seiner letzten Reise von Maynz nicht weiter in Böhmen, als nur bis an das Dorf Milawecz gekommen war, auf eben diesen Berg begleitet hatte; hier ließ er Adalberten den Segen über Böhmen sprechen, und hierauf alsbald einen so häufigen Regen erfolgen, daß, wie Chanowsky behauptet, y) das auf diesem Berge ganz verdorrte Gras plötzlich die Gestalt eines höchst schönen grünen Wasen angenommen habe. ▬▬▬▬▬▬▬▬▬▬▬ Grünberg liegt 14 und eine halbe Meilen von Prag, und 1 Ml. von Hradischt südwärts, und ist mit einer kail. kön. Poststazion, die zwischen Grünberg und Nepomuck liegt, versehen, von dannen 1 und eine halbe Post bis Horazdowicz, 2 Posten bis Pilsen, und eben so viel bis Rokitzan gerechnet werden.

4) Kloster, Kostelecz v. 46 N. Jetzt ein Dorf ehedem ein berühmtes Cisterzienserstift, welches gegen das J. 1153., nicht aber 1130. von einem Unbekannten gestiftet, und zur Zeit der hussitischen Unruhen, wie solches noch die wenigen Ueberbleibsel beweisen, zerstöret worden ist. Balbin will aus den auf dem oben-

---

y) In vestigio Boemiæ piæ p. 36.

erwähnten Grünberg noch heut zu Tage vorhandigen zerstörten Mauern schliessen, daß daselbst ein Frauenkloster gewesen seyn mochte, darinn, nebst dem gleich gemeldten Cisterzienserstifte mehr als 150 geistliche Personen unterhalten wurden z); allein man trift hiervon in den alten Schriftstellern keine Spur an. 5) Cogicz v. 16 N. 6) Dworecz v. 8 N. 7) Czmelin, so auf der Karte unter den Namen Smolin angemerkt ist, zählet 18 N. 8) Mobelnicz v. 17 N. 9) Trzepschlcz v. 17 N. 10) Nepomuk, Pomuk ein Flecken, wo man zur Zeit des H. Johann auf Silber gebauet hat aa); liegt ¼ Stunde von Grünberg südwärts, ist durch die Vereinigung des Dorfes Przeissanlcz um ein Merkliches erweitert worden, zählet 168 N., und führet im Wappen eine Kirche, unter dessen Eingang der heil. Johann v. Nep., oben aber die heil. Barbara vorgestellet wird. Das Insiegel dieser Stadt mit der Auffschrift: Sigillum oppidi Nepomuk. 1413., reparatum 1560. soll noch jetzt, etwas weniges aufgenommen, das Nämliche vorstellen, was ehedem die Aebte des oben erwähnten Cisterzienserstifts

in

z) Epitom. L. 4. c. 7. p. 439. Berghauer in Protom. P.
 I. Cruger in Sacris Pulv. Balbin. Misc. L. 7. Sec.
 I. in Not, ad Tab. 4. Neplacho a Gelas. Mon.
 T. 4. p. 104. Gelas. Hist. T. 6. p. 344. Paprocky
 de Stat. Dom. LL. Erect. Vol. 8. J. 3. & Vol. 9.
 O. 12. Vol. 2. C. 4. Vol. 10. k. 10.
aa) Balbin. Misc. L. 1. c. 18.

in ihrem Insiegel geführet haben cc). Die hiesigen Bürger haben durch die wiederholten Feuersbrünste 1593. den 10. Aug. Im J. 1686., und endlich 1714. einen sehr namhaften Schaden an ihrem Vermögen erlitten dd). Unter die vornehmern Gebäude kommen hier zu rechnen: 1) Die Dechantkirche unter dem Tit. des heil. Ap. Jakob des Gr., die schon 1384. mit eigenem Pfarrer besetzet wur. Hier ist die Leiche des Freyherrn Ladislaw v. Sternberg beygelegt. 2) Die Kirche zu St. Johann Tauf., und Johann v. Nep. Im J. 1648. kaufte Franz Freyherr von Sternberg noch zwey Bürgerhäuser vom Erasmus Schlechta, und Johann Nikodem zu dem Hause, darinn der heil. Johann v. Nepomuk im J. 1330. zur Welt kam, und welches die hiesige Stadtgemeinde schon ehe bevor zu einer Kirche gewidmet hatte, und fieng daselbst eine Kirche aufzuführen; allein sein Vorhaben wurde vereitelt, da er den 26. Jul. n. J. von Schweden zu Prag erschoffen worden ist. Ohngeachtet dessen, setzte seine hinterlassene Wittwe Ludmilla, geborne Bawka v. Rziczan dieß angefangene Werk fort, brachte selbes in wenigen Jahren zu Stande, und ließ diese aufgeführte Kirche unter dem Namen des heil. Johann v. Tauf. durch den hiesigen Dechant Sebastian Kral einweihen. Im J. 1686. brannte diese Kirche ab, wurde aber 1688. durch den Grafen Wenz

cc) Berghauer in Protom. P. 1.
dd) Berghauer l. c. ex MS. Petri Draurkow Decani Nepomuc.

Wenzel v. Sternberg ganz niedlich wieder hergestellet ee). Im J. 1734. den 7. Oktob. legte Adolph Graf v. Martinicz den Grundstein zu der jetzigen prächtigen Kirche, ließ selbe 1738. durch den prager Weihbischof Johann Rudolph Grafen v. Sporck unter dem jetzigen Namen feyerlich einweihen, und faßte den Entschluß, die Priester aus den frommen Schulen daselbst zu stiften; allein der bald darauf erfolgte französische Krieg war Ursache daran, daß der letzte Willen dieses Grafen nicht erfüllet wurde. Das Gemälde des heil. Johann v. Nepomuk auf dem hohen Altare, wo er in Lebensgröße vorgestellet wird, ist nach dem Muster, welches in der St. Johann Nep. Kapelle bey der Domkirche zu Prag zu sehen ist, vom Karl Skreta verfertiget worden ff). Mitten in dieser Kirche ist auch eine 112. Mark schwere, und von purem Silber prächtig gegossene Bildsäule dieses heil. Landespatrons unter einem kostbaren Baldachin zu sehen. 3) Die nächst an dem Flecken westwärts gelegene Frohnleichnamschristi-Kapelle. Die Veranlassung zur Erbauung dieser Kapelle soll eine ähnliche Geschichte, dergleichen wir schon bey Hostau S. 112 erzählten, gegeben haben. Im J. 1533. kam in dieser Stadt zur Welt der berühmte, und vom K. Maximilian gekrönte Poet David Crinitus, sonst Kuczera genannt. Er vertrat die Stadtschreibersstelle in Rakonicz, und wurde

---

ee) Berghauer in Protomart. P. 1. p. 53. seq. Hammerschmied Pr. Gl. pr.

ff) Berghauer l. c.

Klattauer Kreis.

de von dem gleich genannten Kreiser in den Adelstand erhoben. Seine Werke kann man in Balbins Boemia Docta P. 2. p. 288., und in den Abbild. der böhm. und mähr. Gelehrten 1 Th. 56 S. nachschlagen.

11) Milecz, Milecz v. 16 N. mit einer 1764. ganz neu wieder hergestellten Kirche zu St. Peter und Paul Ap., die 1384. mit eigenem Pfarrer besetzt war.

12) Schelwitz, Selwice v. 23 N. 13) Bezdiekow 22 N. 14) Zahorzy v. 16 N. 15) Kozlowicz v. 22 N. 16) Neudorf, Nowa Wes v. 21 N. 17) Sobiesul v. 25 N. 18) Silow, 19) Nowotnjk, so auf der Karte unter dem Namen Nebodnik angemerkt ist, zählet 18 N. 20) Pradlo v. 11 N. mit einer Kirche unter dem Namen der Kreuzerhöhung.

12) Miecholup, Miecholupy v. 35 N. 22) Nobowicz, 23) Dubecz v. 3 N. 24) Srb, Srby sammt 25) Battow v. 19 N. 26) Sedlischt, Sedlisstie v. 22 N. 27) Zahradka v. 16 N. 28) Mierzin v. 13 N. 29) Czeczowicze v. 22 N. mit einer nicht ferne von dannen erbauten St. Adalberti Capelle, und einem Gesundbrunnen in dem sogenannten Walde Ostiedry. 30) Bezdiekow-Lischtow v. 16 N. 31) Wrtschen, Wreczen, Wreczany v. 55 N. mit einer Pfarrkirche unter dem Namen des heil. Laurenz M., die schon auf das J. 1371. 1384. und 1418. als Pfarrkirche vorkömmt gg), 32) Chwostule. v. 3 N.

gg) LL. Erect. Vol. 1. k. 6. Vol. 10. k. 4.

Gut Podhurzy.

Zählet 13 N., und gehöret dem Ritter Wenzel Zadubsky v. Schönthal, und dessen Gemahlinn Maria Angela gebohrnen Freyinn v. Kumerskirchen.

Gut Lhota Kaschowa.

Ist der Kammeraladministrationsherrschaft Chotieschau einverleibt.

Herrschaft Zinkau

Gehörte schon zu Ende des sechzehnten, und anfangs des siebenzehnten Jahrhunderts den Hrn. Klenau von Janowicz, aus deren Geschlechte Johann, Oberstlandesschreiber im Königreiche Böhmen, und Herr auf Zinkau, Neuschloß und Brzezina 1615 dem prager Landtage beygewohnet hatte. a). Nach der Zeit brachte Maria Theresia Gräfinn von Wrtby, gebohrne Gräfinn von Steinau diese Herrschaft samt Pettowicz käuflich an sich, und so verblieb diese Herrschaft bey diesem gräflichen Geschlechte, bis auf den jetzigen Besitzer Franz Joseph Reichsgrafen von Wrtby, Obersten Erbschatzmeister im Königreiche Böhmen, und Ritter des großherzogl. toskanischen St. Stephansordens, der selbe nach dem Hintritte sei-

hh) Prag. Landtag. Hammerschmied Pr.Gl.Pr. ex MS. Cutnensi. Paprocky de Baronib.

Klattauer Kreis. 155

seines Oheims eben so wie Bržmicz erblich übernommen hatte. Der gemeine Landmann spricht hier böhmisch, und suchet seine Nahrung im Korn, Haber, Gersten und einem geringen Weitzenbaue. Her gehören:

1) Žinkau, Žinkow v. 41 N. mit einem nächst an einem großen Teiche gelegenen Schlosse, und einer 1763. ganz neu wieder hergestellten Pfarrkirche unter dem Namen des heil. Wenzel, die schon 1384. mit eigenem Pfarrer versehen war. Im J. 1419. versammelte sich daselbst eine große Menge der Hussiten, die von dannen weiter gegen Bržeznicz fortgerücket sind b). Im J. 1724. kam hier zur Welt der berühmte Arzt und Botaniker Johann Bohacz. Ein mehreres von seinen Werken kann man in den Abbild. der böhm. und mähr. Gelehrten 3 Th. und 4. Th. in der Vorrede S. 14 nachschlagen.

2) Radachow v. 30 N. 3) Portoricz v. 23 N. 4) Croß-Petrowic, welky Petrowicze v. 54 N. Hier war ehedem ein Schloß, welches aber zu unsern Zeiten nach und nach abgetragen wurde. In der hiesigen öffentlichen St. Adalbertikapelle trift man abermal einen nächst an der Epistelseite eingemauerten Stein, darauf gleichfalls einige merkl. h ausgedruckten Fußtapfen des heil. Adalberts zu sehen seyn sollen. Wir haben unsre Meinung hierüber schon geäußert.

5) Brluk, Biluk sammt 6) Pozarka v. 23 N. 7) Wosobow v. 7. N. 8) Rackowicz, Radkowicze

a) Cont. Pulkavae a Gelaſ. Mon. T. 4. p. 154.

tzě v. 22 N. 9) Czernowes sammt 10) Neuhof v. 14 N. 11) Metschin, Meczin, Mniecz'inium, ein Flecken mit einem alten Schlosse, zählet 56 N. liegt 1 Stunde von Zinkau westwärts entfernt, und gehörte im J. 1419. dem Hrn. Ruprecht v. Cluczen c). Die hiesige Pfarrkirche unter dem Tit. des heil. Niklas B. war schon 1384 und 1390 mit eigenem Pfarrer besetzt d).

12) Brzezy sammt 13) Zinkowicz v. 22 N. 14) Swarkow v. 18 N. 15) Luch sammt 16) Augezd wo ein Schloß mit einer St. Annakapelle zu sehen ist, v. 31 N. 17) Tinischt, Tinisstie v. 20 N. 18) Kokorzow sammt dem Meyerhofe 19) Schittin, Žitjn v. 23 N. 20) Czepinecz v. 11 N. 21) Zalesy v. 2 N. 22) Hradischt v. 5 N.

Majoratsherrschaft Planitz.

Gehörte schon im J. 1680. dem Grafen Jaroslaw Borzita v. Martinicz, a) von dem selbe bis auf den jezigen Besitzer Franz Karl Reichsgrafen von Martinicz, Sr. k. k. apost. Majest. wirkl. geheimen Rath und Kämmerer erblich gekommen ist. Der böhmische Landmann suchet hier seine Nahrung im Spinnen, Leinwandweben, und in der Verfertigung des Mesulans, hauptsächlich aber in Anbauung der

Erd-

---

c) LL. Erect. Vol. 11. S. 1.
d) Ibidem Vol. 12. F. 8 & Vol. 10. B. 6.
a) Chanowsky in Boemia pia 212.

Erdäpfel, dann in Korn, Haber- und Flachsbaue. Her gehören:

1) Planitz, Planicze ein Flecken v. 164. N. mit einem Schlosse, und einer Pfarrkirche unter dem Titel des heil. Blasius B. und M., die schon auf das J. 1384. und 1416. als Pfarrkirche vorkömmt. b)

2) Nizow, Nižow, eine von dem berühmten Baumeister Johann Dienzenhofer auf die Veranstaltung des Grafen Adolph v. Martinitz zu Anfang des gegenwärtigen Jahrhunderts aufgeführte öffentliche Kapelle unter dem Namen Mariengeburt a).

3) Snadczow, so auf der Karte unter dem Namen Natzow vorkömmt, v. 19 N., liegt an einem Teiche gleiches Namens.

4) Planiczka mala v. 19 N. 5) Stranczicz v. 21 N. 6) Brzizowicze v. 28 N. 7) Kraticz sammt 8) Kwasitz v. 37 N. 9) Augezd v. 36 N. 10) Mlinarzowicz von 8 N. 11) Niemczicz v. 45 N., gehörte vom funfzehnten Jahrhunderte an bis gegen das 1636. Jahr den Hrn. Czcyka v. Olbramowicz zu. Nachdem fiel dieses Gut den Hrn. Pergler v. Perglas zu, von welchem selbes Maximilian Valletin Graf. v. Martinicz 1671. käuflich übernommen, und der Herrschaft Planitz einverleibt hatte. Das ehemalige Schloß ist theils eingefallen, theils abgerissen wor-

---

b) LL. Freft. Vol. II. O. 1.
a) Abbild. der böhm. und mähr. Gelehrten 2 Theil 178 S.

worden. Die hiesigen Einwohner treiben einen starken Handel mit der Stärke und dem Borstenvieh. In der hiesigen Pfarrkirche unter dem Tit. Marienhimmelfahrt, die schon 1384 mit eigenem Pfarrer besetzt war, sind einige Wappen der ehemaligen Besitzer von Niemczicz, und die Grabsteine des Herrn Mareß, und dessen Sohnes Bohuß Czeyka v. Olbramowicz nebst andern mehr zu sehen.

12) Struhadlo v. 26 N. 13) Woiowitzi Wogowicze v. 35 N. 14) Blikarzow v. 20 N. 15) Bramolin v. 32 N. 16) Neuxas, Nauraz v. 54 N. mit einer öffentlichen St. Martinikapelle.

17) Polanka v. 28 N. 18) Chlum v. 35 N. 19) Neuhof v. 11 N. 20) Bowczin so auf der Karte unter dem Namen Bokschin vorkömmt, zählet 30 N. 21) Milschitz, Milczice v. 26 N. 22) Lauczna v. 7 N. 23) Nehodiw v. 37 N. 24) Misliw, Mislewa v. 47 N. mit einer Pfarrkirche unter dem Namen Marienhimmelfahrt, die schon 1584, 1388. und 1396. mit eigenem Pfarrer besetzt war d).

25) Pohorz von 20 N. 26) Blisanow, Blizanow von 41 N. 27) Lowczicz von 23 N. mit einem Schlosse. 28) Stripoklas von 29 N.

29) Sborow von 53 N. mit einer Kirche zu St. Johann Tauf. Die ehemaligen Gründe des Cisterzienserstifts bey Nepomuk erstreckten sich bis an dieses Dorf e). 30) Wraczow von 2 N. 31) Maniowicz von 22 N.   Gut

d) LL. Erect. Vol. 12. B. 12. H. 13.
e) LL. Erect. Vol. 10. K. 10.

Gut Wottjn.

Der jetzige Besitzer Johann Vinzenz Freyherr Janowsky von Janowicz, Sr. k. k. ap. Maj. wirklicher Kämmerer, und Appellazionsrath im Königreiche Böhmen hat selbes nach dem Hintritte seines Vaters Franz Adam erblich übernommen. Die böhmische Sprache hat hier den Vorzug, und ein mittelmäßiger Ackerbau ist die einzige Nahrung des hiesigen Landmannes. Her gehören:

1) Wottjn mit einem Schlosse, liegt 16 Meil. von Prag, und 1 M. von Klattau nordnordostwärts entfernt, und zählet sammt 2) Tieschnitz, Teßna, Teßnitz, Deschnitz und 3) Przedslaw, Przedslawicz 66 N. Hier in dem letzt genannten Dorfe ist eine Kirche unter dem Tit. des hl. Ap. Jakob des Gr., die schon 1384 mit eigenem Pfarrer besetzt war; a) sie ist 1611. ganz neu wieder hergestellet, und bald darauf mit einem Administrator versehen worden. Nicht ferne von Tieschnitz liegt jener berühmte Descheniter See, dem die ältern Geschichtschreiber verschiedene Eigenschaften beygeleget, und ihn mit dem bekannten Pilati See in der Schweiz verglichen haben. - Der Granitberg, sagt ferner die Abhandlung einer Privatgesellschaft in Böhmen 4. B. 174. S., auf welchem dieser See liegt, ist zwar sehr hoch; er ist aber dennoch nur als ein Vorgebirg eines größern anzusehen, der sich von dannen gegen Mittag und Aufgang erhebt, und insgemein der Sattel

oder

a) LL. Erect. Vol. 1. M. 7.

oder auch Rücken genannt wird. Dieser See ist nichts anders, als ein mit Wasser angefüllter Thal; daher kömmt auch die grosse Tiefe desselben her, die sich nach sichern Nachrichten auf 40 Klafter erstrecket, keineswegs aber, wie einige vorgaben, unergründlich ist. Uebrigens war man einst durchgehends von dieser Meinung eingenommen, daß dieses Wasser, wenn man vorsetzlich einen Stein oder Eisen hinein wirft, alsbald empor zu steigen, und zu wallen anfange, bis endlich die entstandenen Wellen das hineingeworfene wieder an das Ufer stossen. Allein der Hr. Hofrath Mayer stellte einen Versuch darüber an, und fand, daß sich das Wasser ganz ruhig bezeigte, ungeachtet er mehrere Steine hinein geworfen hat.

4) Habarticz von 26 N. mit einem Schlosse, und einer Kirche zu St. Peter und Paul, die 1384 mit eigenem Pfarrer besetzt war, gehörte ehedem dem Jesuiterkollegio in Klattau. Gegen die Mitte des sechzehnten Jahrhunderts ist hier ein grosser Luchs nebst etlichen jungen erschossen worden, die einen dermassen grossen Schaden in dieser Gegend verursacht haben, daß man weder auf dem Felde einen Hasen, noch in den Wäldern ein anders Wild zu sehen bekommen hatte b).

Gut Obitz.

Der jetzige Besitzer Vigilius Basilius Graf von Thun aus der tyroler Linie, des ritterl. Maltheserordens

b) Balbin. Misc. L. 1. c. 61.

dens Kommandeur, der bereits schon das 87. Jahr seines Alters erreichet hat, erkaufte dieses Gut, und bestellte selbes zu einer Komthurey. Der böhmische Landmann befördert hier seine Nahrung durch einen mißlichen Ackerbau. Her gehören:

1) **Obitz**, Obitecium, Obicze mit einem Schlosse, ehemaligem Stammhause der Hrn. von Obiteczky, darinn eine Kapelle unter dem Namen der Freundschaft Christi zu sehen ist, zählet 40 N. Außer dem Dorfe trift man noch eine von dem Grafen von Gutenstein aufgeführte St. Barbarakapelle. Dieses Dorf liegt 17 Meilen von Prag, und 1 Stunde von Klattau ostwärts entfernt. In hiesiger Gegend traf man ehedem häufige Kastanienbäume an, die man zu Balbins Zeiten mit gutem Erfolge auf Eichen gepfropft hatte a).

2) **Bidlin**, Beihanj, Stammort der Herren gleiches Namens b), zählet 32 N., und ist mit einer Pfarrkirche unter dem Namen des heil. Wenzel M. versehen, die schon auf das Jahr 1384. und 1404. als Pfarrkirche vorkömmt c).

3) **Groß Hoschticz** von 9 N. 4) **Klein Hoschticz** von 16 N. 5) **Witkowicze** von 6 N. 6) **Kwaschlicz** von 5 N. 7) **Boleschin**, so auf der Karte unter dem Namen Woleschin vorkömmt, von 31 N.

8)

---

a) Balbin Misc. L. 1. c. 42.
b) Balbin. Misc. L. 3. c. 4.
c) LL. Erect. Vol. 6. X. 8. D. 9.

Zwölfter Theil.   L

8) Miflowicze von 28 N.   9) Kromierzlicz von 20 N.

Gut Miecholup.

Gehöret zu dem Grand Priorat des ritterl. Maltheserordens im Königreiche Böhmen. Die Sprache des hiesigen Landmannes, und der Ackerbau hat ein gleiches Bewandniß mit jenem auf dem Gut Worzjn. Her gehören:

1) Miecholup, Miecholupy von 32 N. mit einem alten Schlosse, und einer öffentlichen Kapelle zu St. Apollonia, und einer andern zu St. Johann Tauf.; liegt eine halbe Stunde von Worzjn ostwärts.

2) Strzebischow von 12 N. 3) Hurka von 5 N. 4) Petschetin, Peczetjn von 19 N. 5) Augezdecz von 8 N. 6) Klein Petrowicz, Petrowiczky von 24 N. 7) Makow von 18 N. 8) Domazliczek von 13 N. 9) Sbiflau, Sbislaw von 19 N.

Gut Auczin oder Kolinecz ist schon in dem Praginer Kreise S. 221. der königl. Landtafel gemäß vorgekommen.

Summarischer Inhalt
der sämmtlichen Städte, Flecken, Herrschaften, Güter und Dörfer, die im Klattauer Kreise vorkommen.

Städte.

	Seite.		Seite.
Hostau	111	Tauß	68
Klattau	6	Bischof-Teinitz	94
Mecklin	123		

Flecken.

Blowicz	136	Unter-Neuern	41
Chudenicz	53	Neugedein	65
Drosau	43	Neumarkt	65
Janowicz	42	Planicz	157
Klencz	66	Polln oder Polna	57
Kolowecz	58	Priestitz	132
Meczin	156	Ronsperg	78
Muttersdorf	82	Rupau	127
Nepomuk	150	Schwihau	54
Ober Neuern	41		

Herrschaften und Güter.

Augezdl	37	Neu Czestin	36
Bernardicz	38	Deschwicz s. Bistritz	
Bezdiekau	50	Dolan	51
Bistřicz	41	Drslawicz	50
Borzikau	38	Elisch s. Woleschna	
Chotiemirz	60	Gindrzichowicz	38
Chudenicz	52	Glosau	48
Neu-Czestin	36	Grafenried	76
Czwrczowes s. Dolan.		Kanicz	58

Grün-

	Seite.		Seite.
Grünberg	138	Pichowitz	31
Hradischt	38	Planicz	156
Jeschow s. Merklin		Podhurzy	154
Kauth	62	Podol	39
Kauth Kammeralamt	68	Poritschen	124
Klenau	40	Porzicz s. Poritschen	
Kopezen	89	Prostibor s. Kopezen	
Heil. Kreuz	83	Przichowicz	129
Laschanka	31	Przimostecz	59
Lhota Raschowa	154	Ptenin s. Merklin	
Lipkau	46	Ronsperg	77
Unter-Lukawecz	133	Scherowicz	131
Luschan	130	Stockau	80
Malinecz	129	Bischof-Teinitz	91
Mallowicz	39	Teinitzl	31
Merklin	122	Tietieticz	51
Miecholup	162	Wiederkum	31
Milleticz	47	Wihorjau s. Lipkau	
Muttersdorf	82	Woleschna	88
Nahoschitz	61	Wostracžin	60
Obitz	160	Wottin	159
Opalka s. Biftritz		Zinkau	154
Pernarticz	86		

Dörfer und einzelne Wohnstätte, im ganzen Kreise sind 743.

Zerstörte Städte und Flecken --
Zerstörte Schlößer 33.
Zerstörte Klöster 2.
Zerstörte Dörfer --

www.ingramcontent.com/pod-product-compliance
Lightning Source LLC
Chambersburg PA
CBHW031450160426

43195CB00010BB/926